# 親の財産を100%引き継ぐ一番いい方法

相続税対策だけでは、親の財産、守れません

永峰英太郎＝著
赤星たみこ＝マンガ

JN216526

ビジネス社

# はじめに

「親の財産を100%引き継ぐ一番いい方法」――。

このタイトルを見て、「相続税対策をするんでしょう?」と思った人も多いのではないでしょうか。確かに、それも正解の1つではあります。しかし、相続税対策だけでは、親の財産を100%引き継ぐことはできません。

2014年に母を亡くし、認知症の父の代わりに、母の遺産相続の手続きや生命保険の請求などをすることになった私は、親の財産の全容をつかむことになりました。

そこで実感したのは、親は自分の財産を〝ムダ遣い〟しているということでした。

例えば、父は「利率変動型積立終身保険」という名の生命保険に加入しており、これまでで総額1700万円を超える保険料を納めていることが判明しました。

この保障内容はとても複雑で、専門家に聞いたところ「セールスレディでもわかっていない」とのことでした。専門家のアドバイスを受けて、私はようやく理解しましたが、その内容は、保険料にまったく見合わないものでした。親は、多額の財産を保険会社に貢いでいたんだな――それが私の率直な気持ちでした。

このように、親の財産は知らず知らずのうちに、どんどん目減りしている可能性があるのです。これではいくら相続税対策を行っても、その財産を100%引き継ぐことはできません。

みなさんのご両親は大丈夫だと、言い切れますか?

では、親の財産の目減りを食い止めるのは、誰が行うべきなのか。
それは間違いなく子供の役割です。子供が自ら学習したうえで、アドバイスを送りながら、一緒に見直すことが大事です。親に任せたのでは、親は何がムダなのか、決してわかりません。もしくは面倒を感じて、先送りし続けるでしょう。

財産の目減りを食い止めることは、親が安心した老後を送るためにも大切です。詳細は本編で触れますが、今後、年金の手取り額は、少しずつ減っていくことが確実です。財産を守れば、年金の目減り分を埋めることもできます。

親の財産の見直しを行うと、必然的に、親の財産を把握することになり、親の万が一のとき、とても助かります。相続税がかかるか否かもわかるため、相続税対策もいち早く行うこともできます。

本書は7つの章で構成されています。「親子間で『財産』や『老後の生き方』を共有する」「親の銀行・郵便預金まわりを整理整頓する」「親の死亡・医療保険をしっかり見直す」「親の年金支給額をつかむ」「親の『実家』の財産価値を把握する」「親のお金をゆっくり引き継ぐ」「親が亡くなったあと、賢く相続を行う」です。すべて私自身の実体験をもとに、さらにファイナンシャルプランナーや行政書士、社会保険労務士などの専門家のアドバイスも取り入れながら、赤星たみこさんの楽しいマンガとともに詳しく紹介しました。

ぜひ本書を参考に、親の財産の整理整頓をしたうえで、その財産を守り、そして、ゆっくり引き継いでいきましょう。

永峰英太郎

# もくじ

# 1章

# 親子間で「財産」や「老後の生き方」を共有する

## 親子間で「財産」や「老後の生き方」を共有する

本書では、親の財産について、親と子供が一緒になって、ムダなものは解約するなど整理整頓したうえで、その財産を守っていき、さらに時間をかけてゆっくり引き継いでいく方法を紹介しますが、それには、子供による親の財産の把握が、何よりも大切になってきます。しかし、親にお金の話を切り出すのは、なかなか難しいものです。

私の場合、２０１２年に母が初期のがんを克服したとき、はじめて親の預貯金について、そのおおまかな金額を知りました。親の〝万が一〟は、必ず起きることであり、このまま何も知らないでいれば、将来的に、入院費用や葬式代などの支払いが発生したとき、困ることになると思ったからでした。私がそのことを母に冗談っぽく切り出すと、「次に会うときまでに銀行の通帳などを揃えておく」と、約束してくれました。

つまり、「なぜ親の財産を知る必要があるのか」という点を、しっかり親に伝えれば、ちゃんと親は理解してくれるものなのです。冒頭で触れたように、親の財産を把握するのは「ムダなものを解約する」といった理由もありますが、まずは切り出しやすい理由を見つけて、伝えればよいと思います。親の財産を知る理由は12ページで詳しく見ていきます。

親の財産を把握したら、続いてムダなものの整理整頓などを行っていきますが、この前段階で、親の老後や介護の方針を親と話し合うことも重要になります。

親の財産は、あくまでも親のもの。親が老後にかかるお金を最優先しながら、財産の整理整頓を行うことが親の納得を得るためにも大切になってくるのです。

なぜ、親の財産を把握する必要があるのか
母にメインバンクのありかを聞いたとき僕は初めて両親の通帳を見たのですが
いや～驚きました！
なんと!!
げっ親父意外にお金ある!!
しかも毎月23万円の年金が入ってる!!
お袋は…と
がーん!
どうしたの
姉です
ぱたん
母は保護司の仕事をずっと続けていて…数千円程度の振り込みが昭和60年くらいから続いてました！
それに年金も入ってる!!
親子間の富の格差ハンパなし!!
コレに一切手をつけてないんだ!!
えっ
じゃあお母さんたちものすごいお金持ちなんじゃないの!?
いや調べに調べました

そしてわかった衝撃の事実!!
ガガ!!ン
直径1㎞の隕石がおちてきたくらいの衝撃!!
ね…姉さんっ
よろよろ……
どうしたの
ホ…ホケン料が
それは…父の通帳からはM生命の死亡保険料が毎月3万円!!
さらに医療保険も複数入っていて毎月数万円が引き落とされていました…
しかもいろいろ調べた結果死亡保険の内容は金額に見合わない!
オヤジ…こんだけ払ってこんだけしか保障がない…
ものすごいムダ!
これまで総額1700万円の支払いだよ!!
親が元気なうちに知っておけば…
親の財産を把握するのはメリットだけ!デメリットはありません!
親の老後を豊かにするためにもきちんと調べましょう!!

# 1-1 なぜ、親の財産を把握する必要があるのか

なぜ、親の財産を把握する必要があるのか。第一の理由は、親が万が一のとき、入院費や葬式代などが発生するからです。そのとき、親に代わって、親のお金を使える環境にしておくことはとても重要です。しかし、それだけが理由ではありません。

親の財産の目減りを食い止めるためというのも大きな理由です。実は、親の世代は、財産のムダ遣いをしがちです。私の父は月額3万円以上の生命保険に加入していましたが、その保険内容は、その金額に見合うものではなく、保険屋に言われるままに加入したものでした。財産のムダ遣いを食い止め、ゆとりある老後を送る手助けをするのも子供の役割なのです。

また、「親子間の富の格差」の穴を埋めるためにも、把握する必要があります。左の総務省の調査を見ると、親世代の貯蓄は、30～40代に比べて圧倒的に多いことがわかります。年収も、手厚い年金のおかげで、かなり多めです。

## 「親子間の富の格差」を親子間で理解し合う

では、30～40代は老後、今の親世代と同じ貯蓄や年収を実現できるのか。まず間違いないのは、年金額の目減りです。68ページで触れますが、２０４３年には、年金額は約2割カットされると専門家は指摘します。今後の経済成長にしても、期待できません。つまり、私たちの世代の老後の貯蓄や年収は、今の親世代よりも下回ることは、間違いなく、親の財産を引き継ぐことも視野に入れるべきです。

また親の財産を把握していれば、税金対策も行えます。相続税が発生しそうでも、生前贈与などの対策が行えます。

親の財産の把握は、いつ始めるべきでしょうか。前述の私の父の生命保険の加入時期は大学卒業時です。一方、見直したのは13年。その間で、計１７００万円近くを失った計算になります。親の財産の把握は、できるだけ早く行うべきなのです。

## 広がっている「親子間の富の格差」

この調査を見ると、60代以上は2000万円を超える貯蓄があり、しかも安定した年金収入があることがわかります。今後の年金の目減り、経済成長率の低下を考えると、現在の30～40代が、50代、あるいは定年を迎えたとき、今の親世代の貯蓄、年収をクリアするのは難しいと言えそうです。

(万円) 世帯主の年齢階級別１世帯当たりの貯蓄・負債現在高、年間収入、持家率 (%)

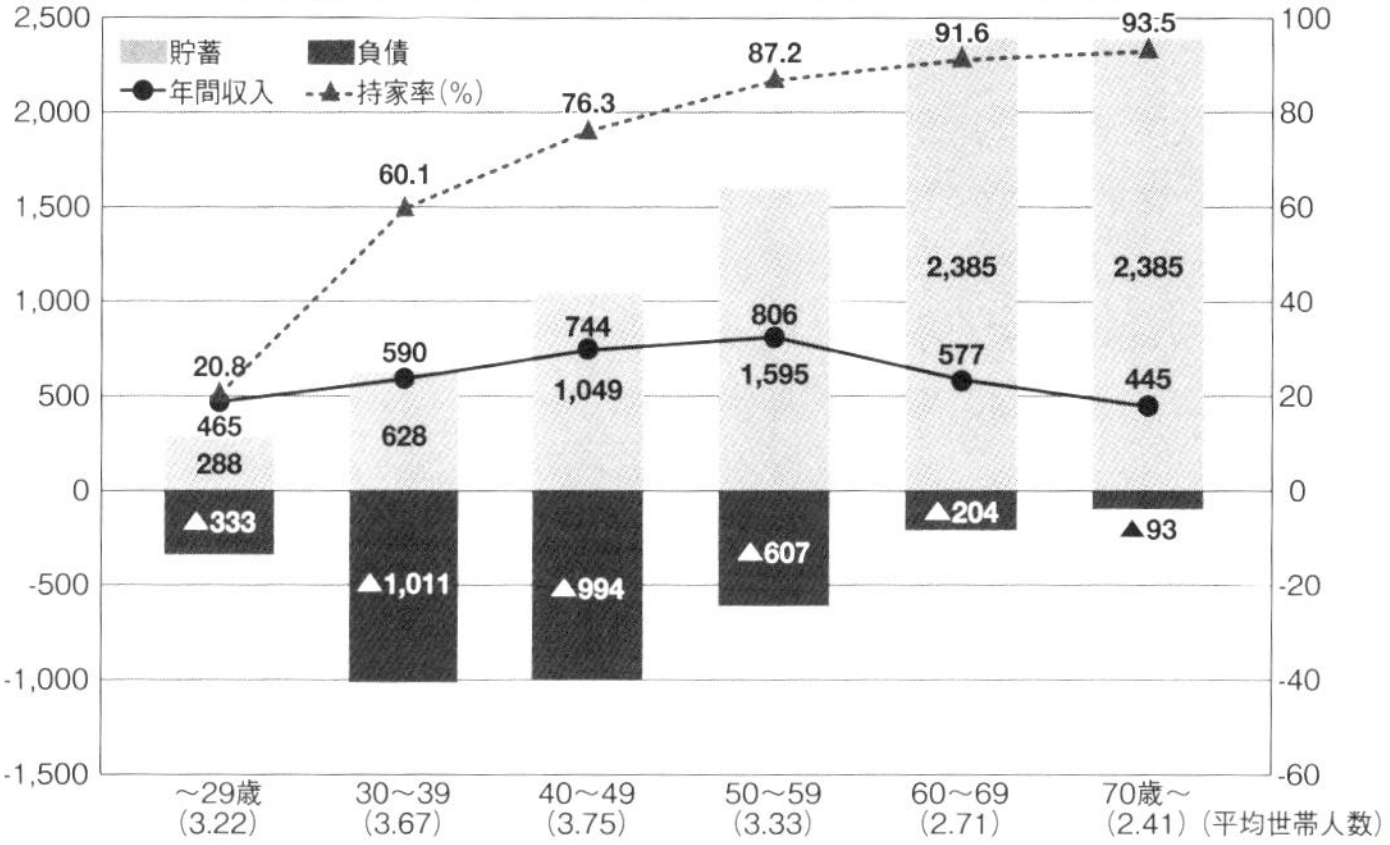


出典：総務省「家計調査(二人以上の世帯)」(平成25年)

## 親の財産を把握するべき理由

なぜ親の財産を把握することが大切なのでしょうか。筆者の経験も踏まえ、ここで５つの理由を紹介します。なお、親の財産は兄弟間でも共有しましょう。

### 理由1　親の万が一のとき、子どもがお金を動かすため

親の病気や認知症、あるいは死に直面したとき、親のお金は必ず必要になります。例えば、葬式代は、日本消費者協会の調べでは、全国平均で約200万円です。財産の額だけではなく、メインバンクの暗証番号を把握することも重要です。

### 理由2　親の財産の目減りを止めるため

私の両親は、生命保険の入り方にムダがありました。把握したのは、加入してからかなりの年月が経過してから。もっと早く把握していれば、相当な財産の目減りを防げたはずです。

### 理由3　親子間の富の格差をなくすため

上の調査でわかるように、親子間の富の格差は広がっています。親の財産を把握していれば、上手に引き継ぐ戦略も立てられるようになります。

### 理由4　親の年金額がわかるため

親の年金額を知っていると、例えば「入居できる老人ホーム」を把握できます。また夫が亡くなったあとの妻の年金額なども知ることができます。

### 理由5　税金対策ができるため

2015年から、相続税の基礎控除額が、大幅に引き下げられました(114ページ参照)。親の財産を把握していれば、相続税対策を行うことができます。

相続税は
「みんなの税金」に
なった！

## 親子間で「親の今後、介護」の方針を話し合っておく

両親がもっと若いうちに介護のこととか話し合っておけばよかった…と後悔してます
実は――母は父の認知症を何年も隠してたんです
母が末期がんで入院するまで僕は気づかなくて
母1人ですごいプレッシャーの中生きてたんだと思います
もし親が2人とも元気なうちに話し合っていれば――
先の話だけどもし認知症とかになったらどうする？
やあねえそんなことないわよ
ははは
まあ今はいい施設もあるし介護保険も払ってるし
ケアマネさんとか相談するところいっぱいあるよ
ホラこれパンフ
ガサ
へーっそうなのね
母もこういう情報を知っていれば父の認知症を隠すこともなかったかもしれません
親に豊かな老後をすごさせてあげるために――手厚い介護をうけてもらうためにも――
老後と介護の方針をしっかり話し合うべし！
これをしないで親の財産を把握しようなんて虫がよすぎる話です
……

# 2-1 親子間で「親の今後、介護」の方針を話し合っておく

親の財産を把握するにあたり、なぜ、親の今後や介護の方針について、話し合っておく必要があるのでしょうか。それは、親の財産はあくまでも親のものであり、親のために使うことを優先すべきだからです。

親は何のために貯蓄をしているのでしょうか。内閣府の「高齢者の経済生活に関する意識調査」（平成23年）によると、「貯蓄の目的」について、1位が「病気・介護の備え」（62・3％）で、2位が「生活維持」（20％）となっています。私はこれが親世代のホンネだと思います。その気持ちをまずは考慮すべきです。

## 親の今後や介護の方針の話し合いが先決

12ページで触れたように、親子間の富の格差の広がりが顕著な今、親の財産を子供が引き継ぐことは、とても意味のあることです。

しかし、優先順位としては、親の今後や介護の方針を話し合い、それにかかるお金を確保したり、その実現に向けて動き出すことが先です。この順番を間違えてしまっては、親は子供に不信感を抱きます。

事前に親の財産を把握しておくと、親の今後や介護の方針の話し合いも具体的に進められます。私の認知症の父は、母の末期がんに伴い、有料の介護施設に入居することになりました。施設は私が探しましたが、月々の費用が、父の年金額と同額であることを条件にしました。それができたのは、前もって、父の財産を把握していたからです。

こうした話し合いは、親が元気なうちに行っておくべきです。例えば「1人になったら介護施設に住む」と、親が決めていれば、時間をかけて準備を進めることができます。私の父の介護施設探しは、時間が勝負で、施設見学も2回だけで決めました。もし、母が元気なうちから、父の今後を話し合っておけば、母と時間をかけて最良の施設を探せたと、今でも思っています。

## 親の貯蓄の目的は「病気・介護の備え」が圧倒的

親は、どんな目的で貯蓄をしているのでしょうか。内閣府が行った調査では「病気・介護の備え」が圧倒的でした。第二位は「生活維持」。「子どもに残す」は2.7%と、かなり低くなっています。

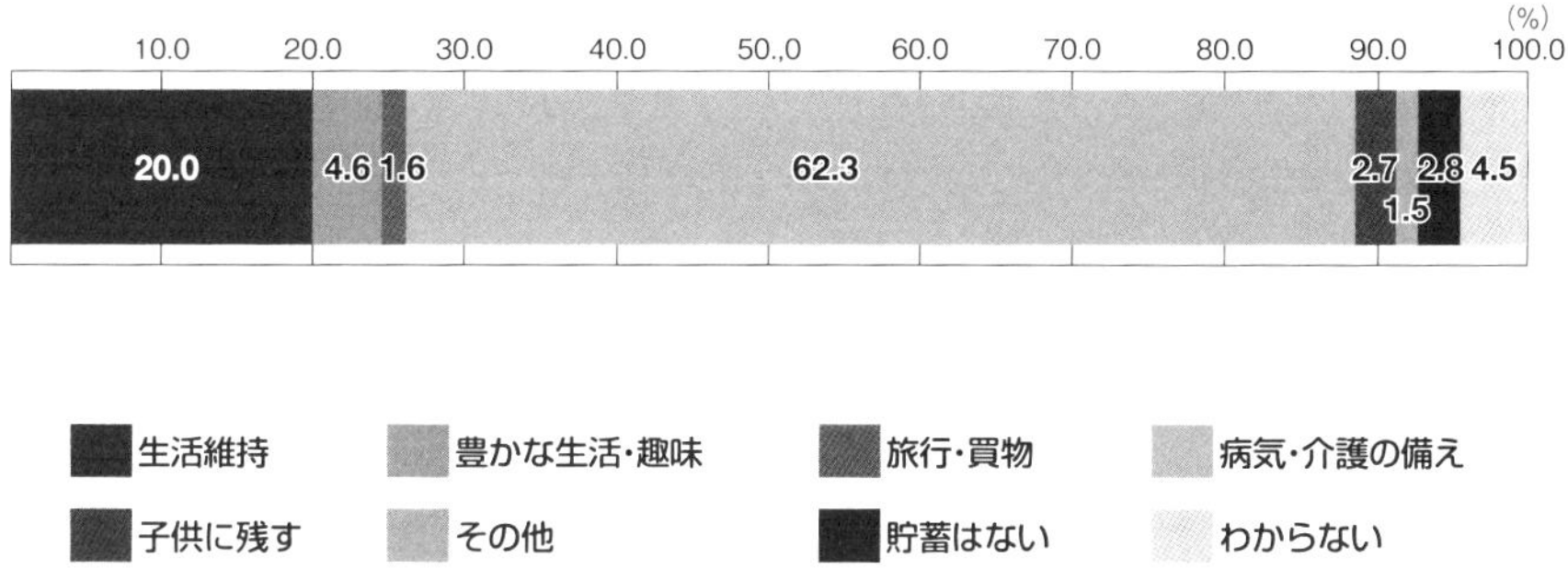


出典：内閣府「高齢者の経済生活に関する意識調査」(平成23年)

## 話し合っておくべき、親の今後と介護の方針

親の今後と介護の方針について、具体的に何を話し合っておくべきなのでしょうか。

**その1　将来の住まいについて**　数年先、10年先、住まいはどうするのかを、親子で話し合っておきます。

①実家をリフォームして住み続ける
②実家を売却し、マンションに住む
③実家を売却し、老人ホームに
④実家を売却し、二世帯住宅に
⑤実家を売却し、自分の好きな土地で暮らす

**その2　旅行や趣味について**　両親が今後、どのような趣味に興じたいのか。旅行は年何回くらい行きたいのかなどを聞いておきます。

**その3　介護の方法について**　病気になったり、高齢になったとき、どのような介護の方法を選ぶのか、話し合っておきます。

**その4　認知症になったときについて**　認知症になってからだと、話し合いは難しくなります。元気なうちから認知症になったら「どこで生活するのか」「予算はどのくらいか」などを話し合っておきます。

column

# 兄弟間の関係は良好に！

母が末期がんになり、それまで母が隠していた父の認知症が明らかになったとき、私にとって大きかったのは、姉の存在でした。私たちは、まさに二人三脚で、さまざまな局面を乗り切ったといって過言ではありません。

その一方で、親の財産や親の生命保険の内容などは、基本的には私1人が把握し、かなり独断で、例えば保険の見直しなどを進めた部分もありました。母が危篤状態になったとき、葬儀屋の手配も、最初は相談することなく行いました。幸い、私と姉の関係は、良好のため、トラブルは起こっていませんが、もし、兄弟間の関係が悪ければ「何でお前が勝手にやるんだ」ともめていた可能性は十分あったと思います。

１章では、親子間で財産を共有することの大切について触れましたが、こうした共有は、あなただけではなく、兄弟も含めることが大事です。「オール相続.com」の調査では、「もし親の相続が起こったら親族間でもめそうですか？」の質問に、約３割が「もめると思う」と答えています。今の段階から、風通しのよい関係を作っておくことが大事です。

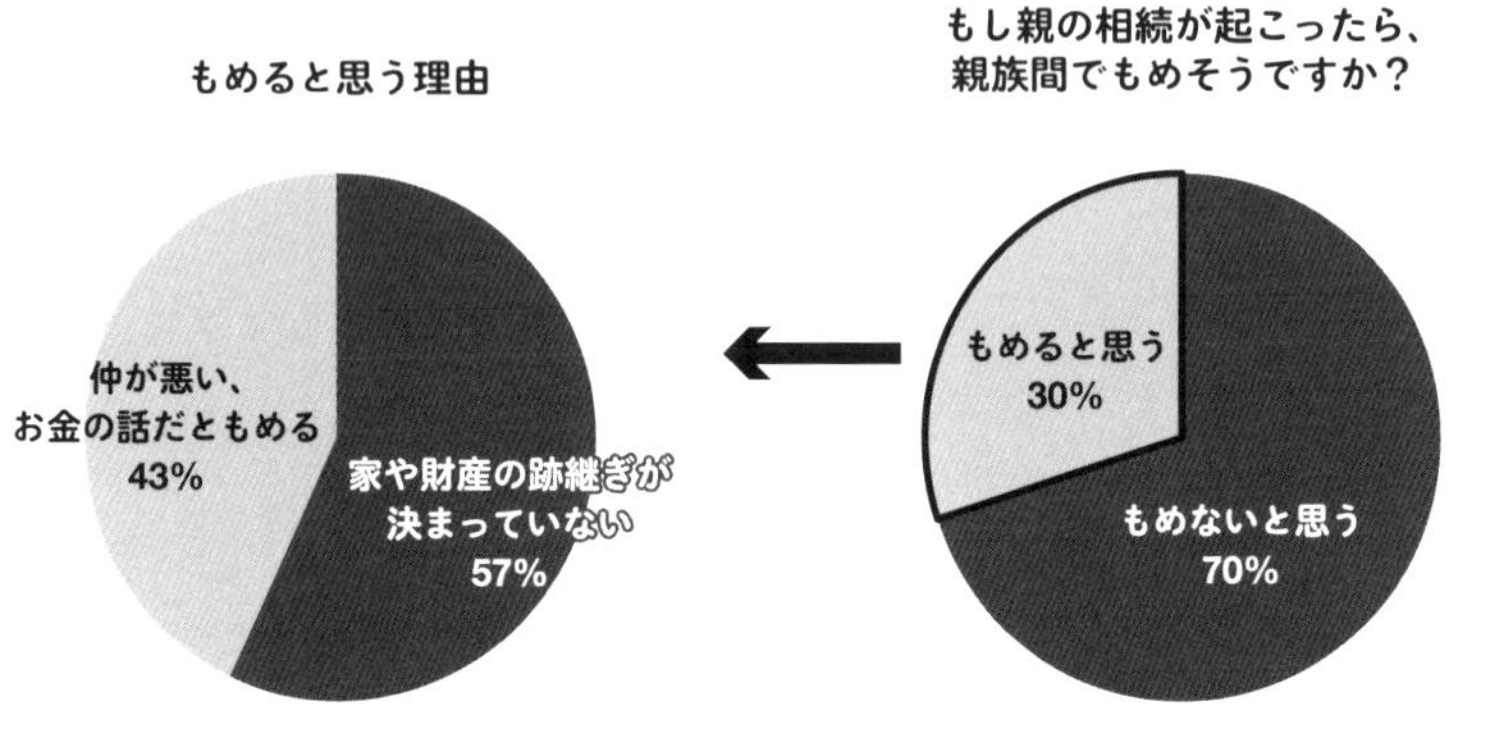


出典：オール相続.com

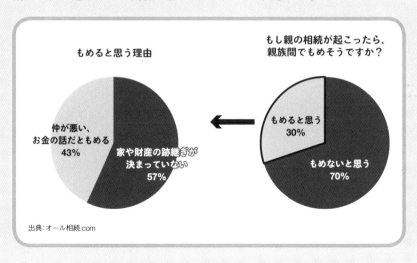

# 2章

# 親の銀行・郵便預金まわりを、整理整頓する

# 親の銀行・郵便預金まわりを整理整頓する

親の財産をチェックするときは重箱のスミをつつくつもりで！
そしてシャーロックホームズになったつもりで！

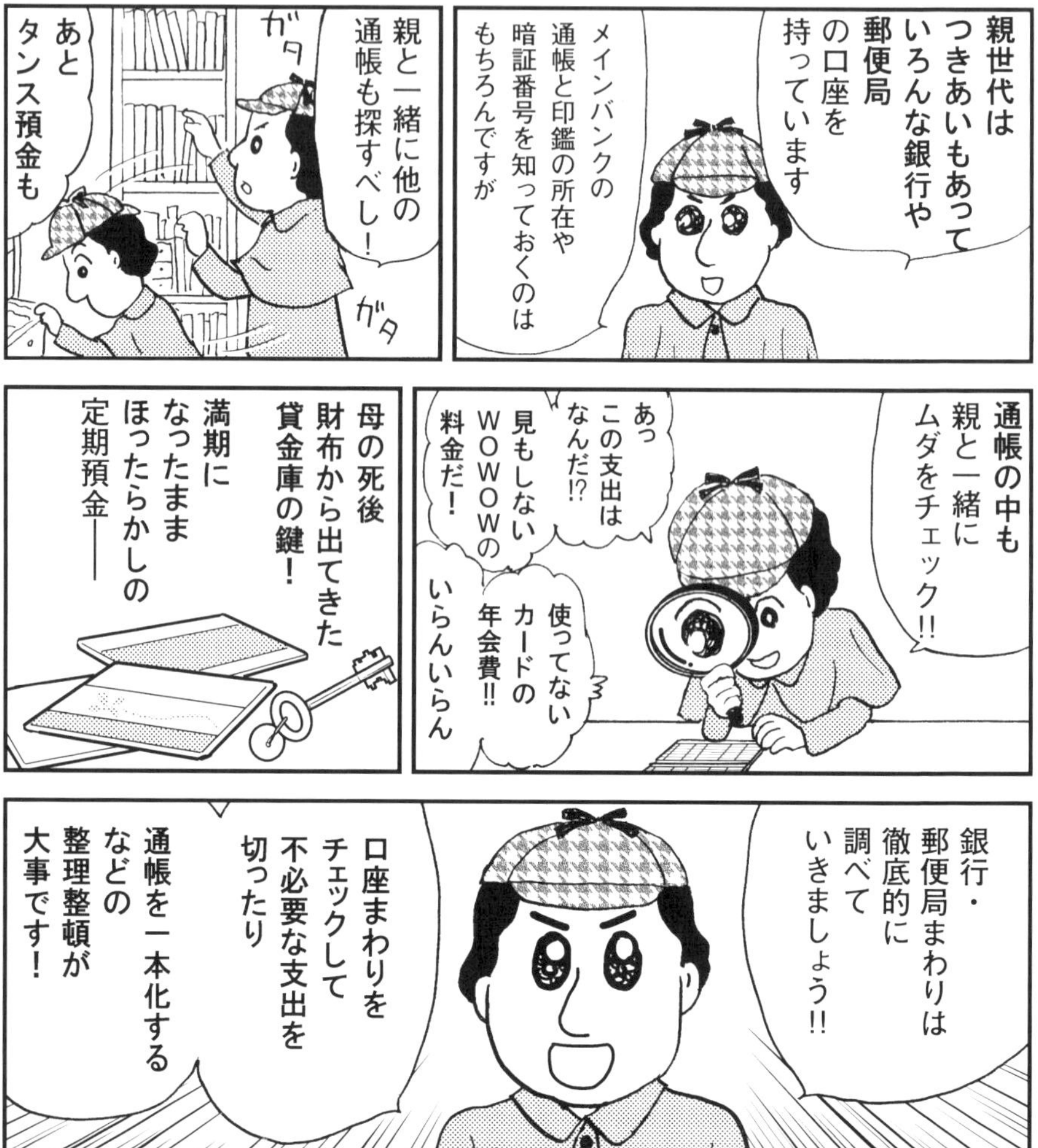
親世代はつきあいもあっていろんな銀行や郵便局の口座を持っています
メインバンクの通帳と印鑑の所在や暗証番号を知っておくのはもちろんですが
親と一緒に他の通帳も探すべし！
ガタ
ガタ
あとタンス預金も
通帳の中も親と一緒にムダをチェック!!
あっ この支出はなんだ!? 見もしないWOWOWの料金だ！
使ってないカードの年会費!!
いらんいらん
母の死後財布から出てきた貸金庫の鍵！
満期になったままほったらかしの定期預金——
銀行・郵便局まわりは徹底的に調べていきましょう!!
口座まわりをチェックして不必要な支出を切ったり
通帳を一本化するなどの整理整頓が大事です！

親の財産を把握する際、まず行いたいのが、親の銀行や郵便局の口座まわりのチェックです。私は、母が末期がんになる1年前、最初の初期のがんを克服したときに「メインバンクの通帳などの保管場所を教えて」と聞いたため、親のメインバンクは、ある程度把握していました。

しかし、母の死後、どうしてもわからなかった「お金の出所」がありました。末期がんの母の入院により、認知症の父は、私の家で過ごすことになりましたが、そのとき、母から「お父さんに美味しいものを」と、10万円を手渡されました。その10万円の痕跡が、どの預貯金にも残っていないのです。それだけではありません。普通、私たちは、銀行などから数万円程度引き出し、生活費としていますが、そうしたお金を引き出した痕跡がなかったのです。

「クレジットカードじゃないの？」と思うかもしれませんが、母はいつも現金で支払っているのを私は知っています。タンス預金も含め、探しましたが、結局わからないままで、今に至っています。それだけに、親が元気なうちに「重箱のスミをつつく」気持ちで、預貯金の把握はしておくべきです。

預貯金の確認は、普通預金だけではなく、定期預金に目を向けるのも大事です。継続中の定期預金は比較的把握しやすいのですが、満期になったままほったらかしにしている場合もあるので、要注意です。そのほか、盲点となるのが貸金庫です。私は、母の死後、財布から貸金庫のカードを見つけることができましたが、貸金庫を開けるカギの在り処がわからず、探し出すのに苦労しました。また子供名義の預貯金の確認も忘れないことです。

この章では、親の銀行と郵便の口座まわりのチェックと整理整頓の仕方について見ていくことにします。

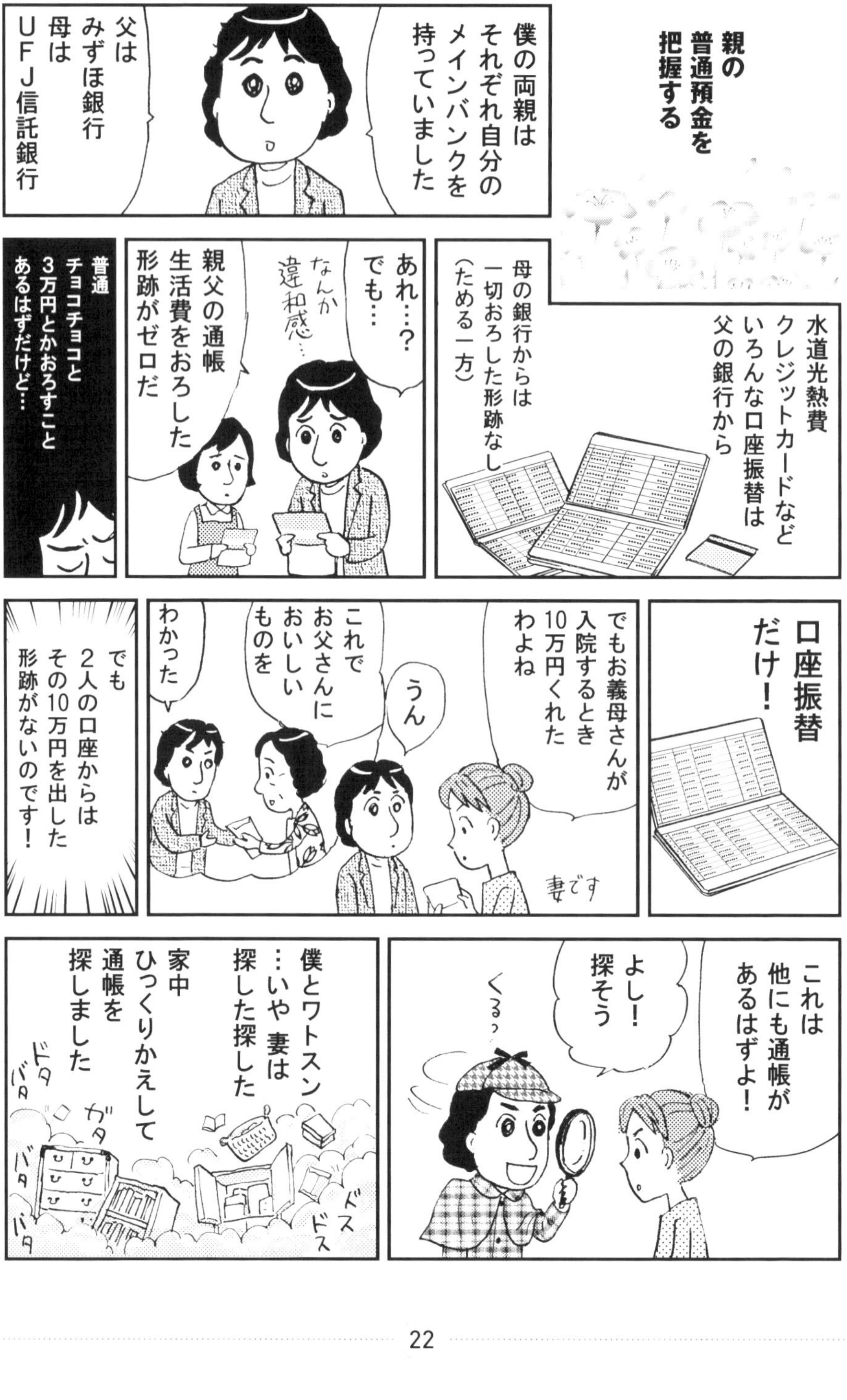
親の普通預金を把握する
僕の両親はそれぞれ自分のメインバンクを持っていました
父はみずほ銀行 母はUFJ信託銀行
水道光熱費 クレジットカードなど いろんな口座振替は 父の銀行から
母の銀行からは一切おろした形跡なし（ためる一方）
あれ…？でも…
なんか違和感…
親父の通帳 生活費をおろした形跡がゼロだ
普通 チョコチョコと 3万円とかおろすことあるはずだけど…
口座振替だけ！
でもお義母さんが入院するとき10万円くれたわよね
うん
妻です
これでお父さんにおいしいものを
わかった
でも 2人の口座からは その10万円を出した形跡がないのです！
これは他にも通帳があるはずよ！
よし！探そう
くるっ
僕とワトスン…いや 妻は探した探した
家中ひっくりかえして通帳を探しました
ドタバタ
ガタ
バタバタ
ドスドス

あ!
ひとつ見っけ!!
地方銀行のカードを発見したけど
でも入ってない…
えーーーー
いったいどの口座から出したのかなあ
今も生活費をおろしていた銀行はわかりません
Nantoka Bank
姉はときどき夢の中に母が出てくるそうです
元気?
あお母さん
ゆうべも見たわよ
えーっじゃあ今度会ったら通帳どこにあるか聞いといてよ
そうつごうよく出てこないし
ムリムリ
とにかく預貯金まわりは親本人じゃないと把握はむずかしいです
死後では探すのに限界があります!親もメインバンク以外はうっかり忘れてることも!
親の生前に重箱のスミをつつくようにしっかり確認しておきましょう!

1-2

# 親の普通預金を把握する

親が持っている銀行や郵便局の普通預金で、まず把握したいのは、入金や出金の動きが大きいメインバンクです。基本的には年金が振り込まれている口座がメインバンクになっています。見落としがちなのが、母親のメインバンクです。母親の年金は、母親の口座に振り込まれており、その口座がメインバンクである可能性が高いでしょう。

また、親のどちらか一方の名前で口座を作り、定期的に入金し、この口座から光熱費などの口座自動振替を行う「共通口座」を持っているケースもあります。あるいは貯蓄用の共通口座があるケースも。親に確認してみましょう。

親のメインバンクや共通口座を把握したら、続いて、それ以外の口座の有無をチェックします。日本統計センターが行った「金融機関の利用に関する調査」(平成23年)によると、30歳以上の男女が所有する口座の数は、平均3・5枚。特に、転職の多かった人は、転職先ごとに口座を作るものなので、口座の数は多くなりがちです。

## 休眠口座は必ずあるものだと考える

ここで問題となるのが「休眠口座」です。日本の休眠口座の額は、毎年850億円を超えています。この口座は、法律では、銀行で5年間(信用金庫など協同組合で10年間)、取り引きがないと、口座は消滅すると定められています。しかし現実には、消滅後も銀行の窓口に行けば、取り引きに応じてもらえます。なお、郵便局は、定期郵便貯金などで口座が消滅するケースもあります(32ページ参照)。

休眠口座は、登録の印鑑、通帳、本人確認書類があれば、その口座のある銀行の最寄りの支店に親が出向ければ、手続きができます。通帳などがない場合も、身分証明書類と可能性のある印鑑を持っていけば、調べてもらえます。

なお、親の口座を把握したら、必ず、通帳、印鑑、そして暗証番号も把握します。親が万が一の場合、子供が親の口座からお金を引き出す機会は必ず訪れるからです。

## 把握しておきたい親の銀行や郵便局の普通預金

親の普通預金は、まずは両親のメインバンクの把握から始めます。
さらに共通口座や休眠口座があるかの確認も行います。

| | |
|---|---|
| ❶ 父親のメインバンク | 多くの場合、父親の年金が振り込まれている口座。お金の出し入れが多いのが特徴です。 |
| ❷ 母親のメインバンク | 多くの場合、母親の年金が振り込まれています。口座の出し入れが少なく、貯蓄用となっているケースも。 |
| ❸ 共通口座 | 両親のどちらかの名前で口座を作り、定期的に入金するのが、共通口座。この口座から住居費や光熱費などを引き落とす「生活用」と「貯蓄用」があります。 |
| ❹ 休眠口座 | 長い年月、引き出しや預け入れなどの取引がされていない口座のこと。思わぬ大金が預けられていることも。 |

生活用と貯蓄用がある

これらの在り処や暗証番号を知っておく

### 口座は子供が引き出せる状態にしておく

- 銀行通帳
- 届出印
- キャッシュカード
- 暗証番号

親のメインバンクは、子供が引き出せる状態にしておくことが大事です。親が万が一のとき、親の口座は必要になるからです。特に、暗証番号は必ず聞いておくこと。

## 休眠口座の探し方

まずは両親に眠ったままの口座があるか、思い出してもらいます。
「うっすら覚えている」程度でも、口座は必ず把握できます。

### こんなものが休眠口座になる

- 結婚前に使っていた口座
- 引っ越しをする前に使っていた口座
- 以前働いてた会社で作った口座　など

### 口座の存在を知っている場合

名義のある親自身が、登録の印鑑、通帳、本人確認書類を持って、
口座のある銀行の最寄の支店に行きます。
昔の住所のまま、旧姓のままの場合は、それを証明する公的な書類も持っていきます。

### 口座の通帳などがない場合

名義のある親自身が、銀行の最寄の支店に行き
「休眠口座があるか調べてほしい」と聞きます。本人確認書類は必須になります。

親の普通預金を整理整頓し財産の見える化をする
みなさん!!
親の普通預金が複数ある場合は父と母で一本ずつにまとめましょう!
ざっぱーん
そんなのどうやって!? ムリムリ!!
いや…親が元気なうちにやっとかないとあとが大変だしお金も損しちゃうよ
休眠口座は親がなくなると口座が凍結されることもあるし
びゅう
カキーン
なにより親の死後は銀行関係の手続き超大変になりますからね!
口座が複数あるとそれぞれにこの手続きが必要だし!
母亡きあとやってみてつくづく大変でした
相続人全員の実印や印鑑証明さらに故人が産まれてから亡くなるまでの戸籍謄本が必要
ぞぞぞ
ええっ

この異様に面倒くさい手続きを回避するのが口座の一本化！
BANK
銀行
BANK
口座の解約もお金をおろすのも親が存命中なら簡単だし
将来亡くなったときもあの煩雑な手続きが1回ですむんだよ！
ねっ
うん！
他にもメリットあるわよ
口座が1つなら収入も支出もすぐわかるでしょ
そうそうこれが見える化ね
まあこれは親に言う必要はないけど親の死後けっこう大変なのがいろんな解約！
スポーツジムの会費とか
ケイタイ料金とか
保険証書
●▲生命
●●生命
各種保険とか
こういうのも口座一本化してあると
通帳見ながら解約できます
これはカードの年会費
これはホケン解約だね！
はい解約！
私の親は口座が少なくあまり大変ではありませんでしたが
うんうん
みなさんのお父さんお母さん2人とも元気なうちに父と母で口座を1つずつにまとめましょう！

## 2 2 親の普通預金を整理整頓し、財産の見える化をする

親の普通預金をすべて把握したら、親と一緒に口座をまとめていきましょう。なぜかといえば、相続時の手間を省くためです。親が亡くなれば、親の預貯金は、銀行ごと手続きをすることになります。共通口座などは、面倒になり、ほったらかしになる場合も少なくありません。私自身がそうでした。そしてもう1つ、口座をまとめるべき理由があります。「財産の見える化」のためです。口座には、親の収入と支出に関するさまざまな情報がインプットされています。口座を見れば、クレジットカードの支払額、光熱費、年金の振込額など、親のお金の動きが大まかにつかめます。

しかし、口座がバラバラだと、お金の動きがつかみにくくなります。

### 父と母の口座、1つずつにまとめる

ただし、口座の一本化はNGです。相続税は、被相続人が所有する財産について課税されます。つまり、父親が亡くなっても、母親の財産は、相続税の対象にはなりません。父親名義の口座に一本化してしまえば、本来は母親の財産なのに、父親の財産とみなされることに。その結果、父親の財産は膨れ上がり、相続税の対象になる危険性もあるのです。親の財産は「父のメインバンク」と「母のメインバンク」の2つにまとめるのがベストです。共通・休眠口座は解約し、口座振替などは、一方のメインバンクにまとめます。これで、親のお金の流れがつかめるようになります。親の死後、面倒なさまざまな解約手続きも、通帳を見ながら、スムーズにできます。

口座をまとめる前段階で、親と一緒に親のムダな出費をつかみ、そのムダを省く作業も行いましょう。私の両親は、全然見ないWOWOWに加入していました。もちろん、親が「解約しない」というものは手を出してはいけませんが、親自身が解約手続きに面倒を感じて、ほったらかしにしていることもあります。子供が手伝うべきです。

## 親の普通預金を整理整頓するステップ

親の普通預金が複数ある場合は、親が元気なうちに、親自身にまとめてもらうことが大事です。子供が親の口座を解約したり、動かすのは、思いのほか大変だからです。なお、口座をまとめる際は、通帳を調べてムダな出費をチェックし、整理することも大切です。

### STEP 1 親の預貯金の普通預金を全把握する

父親のメインバンク、母親のメインバンクのほか、両親の共通口座（生活用、貯蓄用）、休眠口座など、すべての普通口座を把握します。

▼

### STEP 2 通帳の内容をチェックする

それぞれの通帳の記帳内容を確認します。チェックするのは「生命保険の月額費用」などで、この作業によって、ムダな出費を把握できます。クレジットカードの口座振替は、詳細がわからないので、カード会社から送られてくる明細書を確認します。

▼

### STEP 3 ムダなものは解約する

STEP２の作業を通じて、親子間で、ムダだと判断したものは、解約したり、見直したりします。子供がムダだと感じても、親が必要だと思うものは、そのままにしておくのが重要です。あくまでも親のお金だからです。

▼

### STEP 4 口座をまとめる

親の口座は、基本的に父親のメインバンクと母親のメインバンクの２本にまとめます。一本化してしまうと、相続のときに不利が生じてしまいます。

▼

### STEP 5 保管場所などを把握する

複数の口座をまとめたら、その口座の「銀行通帳」「届出印」「キャッシュカード」の在り処を、親子間で共有しておきます。さらに「暗証番号」も忘れずに聞いておくこと。

#### 親の口座

- 父親のメインバンク
- 母親のメインバンク
- 共通口座
- 休眠口座

など

#### チェックする内容

- 電気代などの光熱費
- 口座振替になっているもの
- クレジットカードの引落し金額
- 生命保険の月額費用
- 年金の額

など

#### 見直す例（筆者のケース）

- 有料放送の契約
- 生命保険の見直し
- クレジットカードの明細

など

↓

父親のメインバンク　｜　母親のメインバンク

親の口座は
2つが基本に！

親の定期預金は解約する
母が危篤になり支払うものがドッと来ました
入院費用
お葬式代
認知症のオヤジの施設費用
あれこれ
お金必要なのに父の口座からおろせない!
カードあるけど暗証番号わからない
父のメインバンクの通帳と印鑑を持って行っても本人確認とか委任状とか必要だし…
父が認知症で来られないし息子なんですが
はぁ…
窓口でたのんでもダメだったので
課長に直談判すると困っているのが通じたのか
私の責任で了解しましたおいくら必要ですか
助かります〜
と言ってもらえました
このことから!
私は声を大にして言いたい!
万が一のときのために暗証番号は必ずきいておくこと!!
ぜったい!
必ず!
Fさんはお父さんの死が間近になったとき毎月50万円ずつカードでおろしたそうですが
暗証番号知ってたワケですね
うん
入院費用と葬式代かかるのわかってたからね
とまあ普通預金はなんとかなるのですが
ものすごーく大変なのが定期預金!!

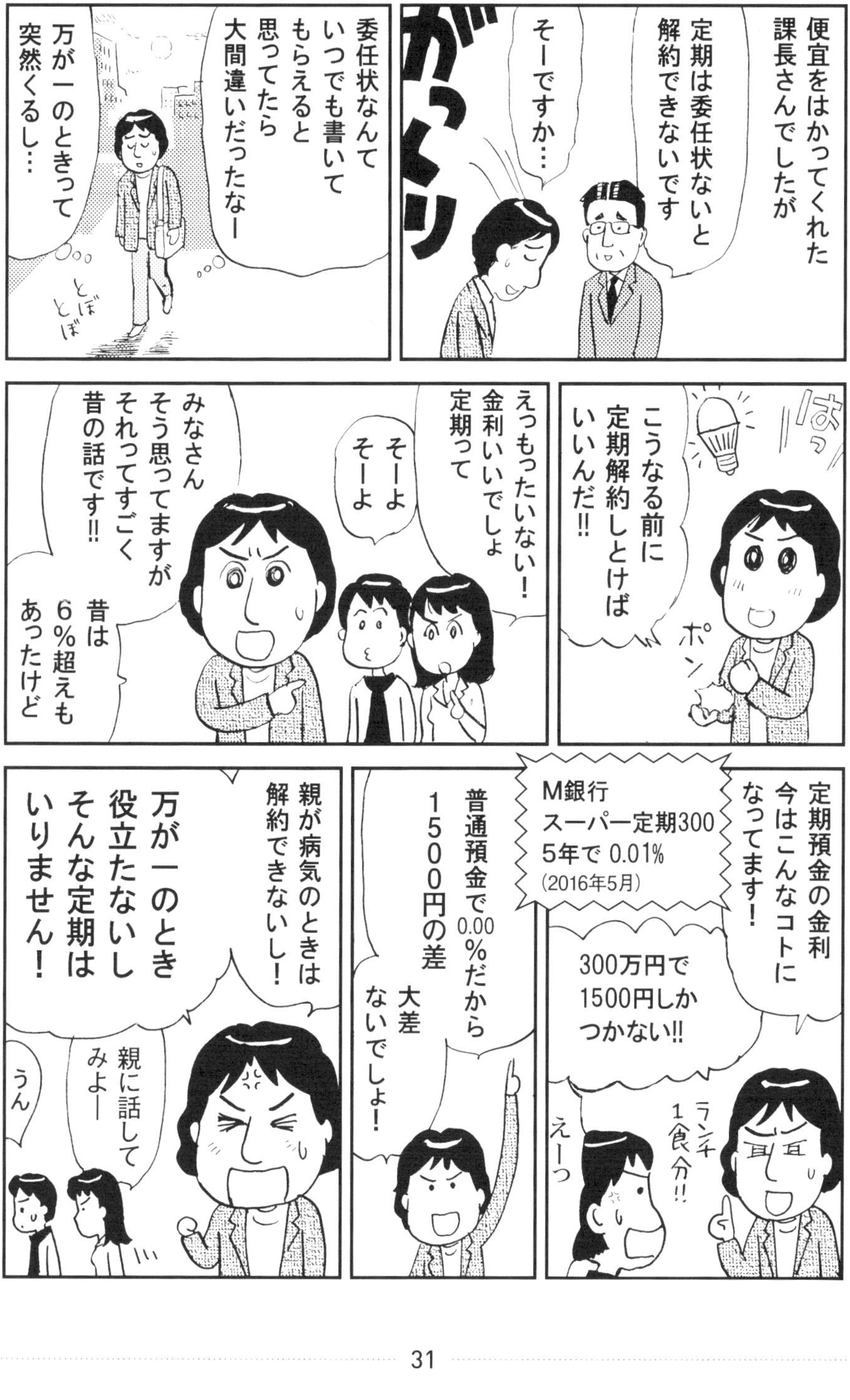
便宜をはかってくれた課長さんでしたが
定期は委任状ないと解約できないです
そーですか…
がっくり
委任状なんていつでも書いてもらえると思ってたら大間違いだったなー
万が一のときって突然くるし…
とぼとぼ
はっ
こうなる前に定期解約しとけばいいんだ!!
ポン
えっもったいない!金利いいでしょ定期って
そーよそーよ
みなさんそう思ってますがそれってすごく昔の話です!!
昔は6%超えもあったけど
定期預金の金利今はこんなコトになってます!
M銀行
スーパー定期300
5年で 0.01%
(2016年5月)
300万円で1500円しかつかない!!
ランチ1食分!!
えーっ
普通預金で0.00%だから1500円の差
大差ないでしょ!
親が病気のときは解約できないし!
万が一のとき役立たないしそんな定期はいりません!
親に話してみよー
うん

3 ②

# 親の定期預金は解約する

定期預金は、人気の金融商品です。金融広報中央委員会が行った「家計の金融行動に関する世論調査」(2015年)によると、日本人の金融商品別構成比は、預貯金が53％で、このうち定期性のものが32％を占めています。

## 親が病気になると、解約が困難になる

しかし、親の定期預金は解約すべきです。親が病気や認知症になり、銀行に行けなくなると、解約が非常に困難になるからです。子供だけでは、親の委任状がなければ、解約の手続きは、まずできません。私は、母の末期がん、父の認知症に伴い、現金が必要になり、委任状が用意できないまま銀行に行きましたが、普通預金は何とか引き出せたものの、定期預金は断られました。親の財産を把握するのは、親の万が一に備えるためであることも、大切な要素です。定期預金は解約すべきだと、私は思います。

「金利がいいから」という意見もありますが、定期預金の金利は、現在は平均0・02％程度です。普通預金が0・01％程度。それほど違いはないのです。

なお、定期預金は、親自身が、定期預金の契約をしたこと自体を忘れている可能性もあるので、注意が必要です。

定期預金は、契約時に3年などの期間を設定しますが、自動継続を選ぶと、満期後、あらかじめ設定した期間で継続になります。それゆえ、忘れてしまいやすいのです。まずは満期通知状を探し、ない場合でも、可能性のある銀行があれば、有無の調査をしてもらいましょう。

なお、最近では、都市銀行などで、定期預金満期通知状の発送を廃止するところも出てきています。今後「忘れる」ケースは増える可能性は高いでしょう。

なお、郵便貯金の定期関係は、要注意です。07年9月30日以前の郵便貯金について、定額郵便貯金、定期郵便貯金、積立郵便貯金は、郵便貯金法によって、満期後20年2か月が経つと、権利が消滅します。すぐに確認してください。

## 定期預金は金利が高い？

親世代は「定期預金は金利が高い」と思っていますが、それは6%を超えた時代が昔はあったからです。今は、普通預金との差は、それほどありません。

| | 普通預金 | 定期預金 |
|---|---|---|
| **預金期間** | 決められていない | 1か月、1年、5年、10年など、細かく期間が分類される。長い期間のほうが金利は高い |
| **金利** | 現在、0.00～0.02%ほど。バブル期は2%を超えた | 現在、0.01～0.03%ほど。かつては6%を超える時代もあった |
| **出し入れ** | 自由に出し入れできる | 基本的に出し入れはできない。満期前でも解約ができる。しかし、契約者本人でないと、解約手続きは面倒 |

## 親の定期預金の解約手続きの仕方

親の定期預金については、契約の仕方や満期までの期間の長さによって、満期前解約をするのか、そのまま継続するのか変わってきます。フローチャートでチェックしましょう。

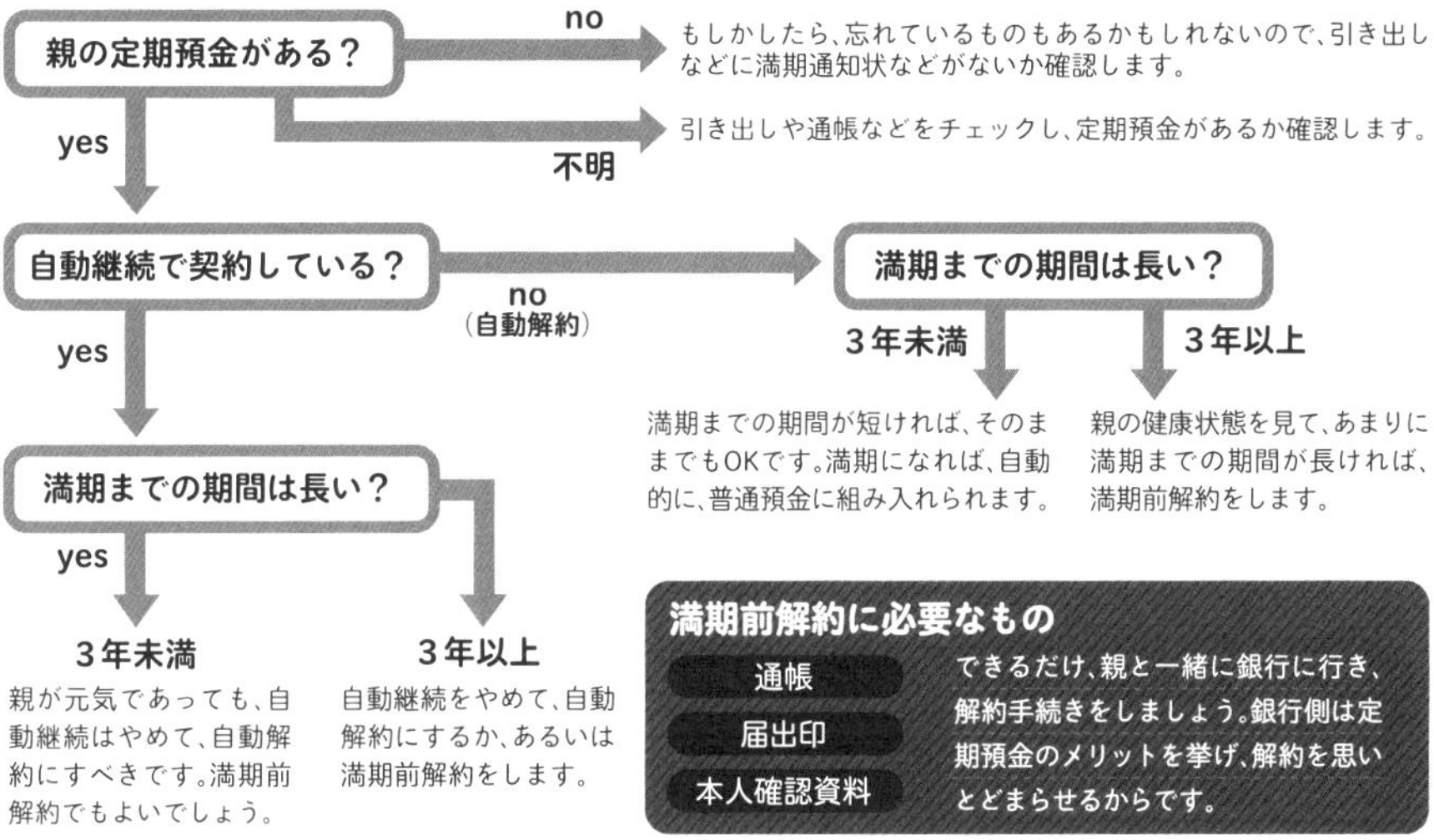

## 見逃しがちな「タンス預金」や「貸金庫」を確認する

2016年2月にはは江東区のゴミ集積所でプラスチック資源ゴミの中から120万円が!!
わー
2006年には広島で168万円の現金がタンスの中から!
わあ
もしかしてうちにも500円玉以外にあるかも?
かも!
うちにはないわーぜったい
決めつけない方がいいですって!
タンス預金って1人でやってることが多くて
お父さんにはだまってよう
うちのヤツにはヒミツにしとこう
パートナーでも知らないことが多いですからね!
米びつ
若い頃やってて忘れてた…ということも
十分考えられる!
友人が冗談半分で聞いたら…
うちにもけっこうあるんじゃないのー?
はっ
そういえば…
あったわ!
わあ
ってコトありますから!
タンス預金あなどれないです!

## 4-2 見逃しがちな「タンス預金」や「貸金庫」を確認する

日本には約30兆円のタンス預金があるそうです。私の母は「500円貯金」をしていました。生前、私の妻に「自由に使ってね」と話していたので、把握できていましたが、それは稀なケースかもしれません。黙ってタンス預金を行い、わかりにくい場所に隠している親も多いはずです。

不動産・住宅サイト「SUUMO」の調査（2013年）によると、へそくりの隠し場所は「タンスの中」（25・5％）「机の引き出しの中」（19・4％）が上位を占めていますが、上位9位の中には「冷蔵庫の中」「靴箱の中」「絵画の裏」といった回答もあるのです。

つまり、タンス預金の有無とその在り処について、親に確認しておかないと、永久にわからないままになる可能性があるのです。親の死後、家の掃除をする際、業者に一括で依頼することもあります。生前に確認しておかないと、タンス預金がゴミと化します。

タンス預金は、相続税の課税対象になります。親の死後、その存在を知ったのでは、その時点でもう相続税対策はできません。タンス預金の在り処を知ることは重要なのです。

### 貸金庫の有無もしっかり確認する

銀行の貸金庫を借りているかの確認も大切です。貸金庫に入れているものは、相続税の課税対象になるものが多いからです。タンス預金と同様に、親の死後に知ったのでは、相続税対策ができなくなります。

貸金庫は早い段階で解約するべきではないでしょうか。銀行では、契約者の死亡を確認すると、ただちに銀行口座を凍結しますが、これと同様に、貸金庫も凍結します。開けるには、相続手続きを行う必要が生じます。「凍結前に、子供が開ければいい」と思うかもしれませんが、貸金庫は、親不在では決して開けることができません。貸金庫は年1～2万円の費用がかかる事実もあります。解約するのも、1つの手なのです。

## タンス預金を把握しないと損ばかり

金額の大小はありますが、親の多くは、タンス預金をしています。
その有無と在り処を確認しないと、せっかくのタンス預金が台無しになります。

**① 大切な財産がゴミと化する**

把握していないと、親の死後、部屋の片づけをする中で、知らないうちに捨ててしまう可能性もあります。

**② ムダな時間が発生する**

親の死後、「もしかしたら、タンス預金があるかも」と、部屋中を探すことになり、タンス預金探しに、多大な時間を費やすことになります。

**③ 相続対策ができない**

親の死後、その存在を知ったのでは、
その時点でもう相続税対策はできません。

## 貸金庫に預けているものと解約の仕方

貸金庫には、どんなものを預けているのでしょうか。貸金庫の解約の仕方とともに見ていきます。

### 貸金庫に預けているもの

下に載せたのは、みずほ銀行が紹介する「貸金庫に預けられるもの」です。私の両親は、不動産の登記謄本を預けていました。このほか「現金」を預ける人も多くいます。

- 契約証書、権利書、遺言状その他の重要書類
- 貴金属、宝石などの貴重品
- 手形、小切手、公社債券その他の有価証券
- 預金通帳・証書、印鑑類

COLUMN

**代理人手続きをする**

貸金庫は子供が代理人手続きをして、代わりに開けることもできます。みずほ銀行の場合は、まず契約者が貸金庫のある支店の窓口に行き、子供の証拠書類を持っていき、手続きを行います。後日、連絡が入るので、契約者と子供が一緒に支店に行き、手続きを行います。

### 貸金庫の解約方法

契約者である親が貸金庫を解約する場合のステップを紹介します。本人以外が解約するのは、ほぼ不可能だと思ってください。

**STEP 1 解約に必要なものを揃える**

● 貸金庫カード（父親と母親で１枚ずつ持っている可能性も）　● 貸金庫のカギ　● 貸金庫の届出印

▼

**STEP 2 親が銀行に行き、手続き**

必要なものを全部持って、貸金庫のある銀行の支店に行きます。その際、貸金庫の中身は、全部引き上げることになるので、子供が付き添うとよいでしょう。

子供名義の口座を確認する
母の葬儀もすみ一段落した頃お金まわりのチェックを始めました
あら?
何かしらこれ
重っ
ずしー
えいたろうと書いてある封筒でしたが
ずっしり
えいたろう
わぁ
ヂャラヂャラ
なんと500円玉や10万円硬貨が!!
10万円硬貨初めて見た
でかっ
500円玉も何かの記念硬貨だわ
お義母さん記念硬貨出るたびにあなたのためて買っておいてくれたのねー…
ホロリ
お袋…
マンガ担当の赤星もこれ描きながら泣いてます…
ホロリ

この他にも商品券や私名義の通帳も……
親は子供のためにいろいろ残しているんだなあ…
そうよ!
だけどお義母さんこんなの一言も話してくれなかったわよね?
けっこう忘れてるんじゃないかなー
てへっ たしかにごめんね!
うーん…
これ平成元年の記念硬貨よ
だからこそ!親が元気なうちに一緒に探すのがいいんです!
です!
一番確認すべきは銀行口座!
普通預金だけでなく定期預金は必ずですよ!
母の死後定期預金満期のお知らせハガキをたまたま見つけましたが
見つけてなかったら…と思うとぞっとします
ホントねー
は〜
みなさん!親の心遣いはムダにしちゃダメです!
元気なうちに確認してくださいね!

## 5-2 子供名義の口座を確認する

ここ数年で、個人の預貯金のセキュリティ対策は、かなり厳しくなっています。例えば、子供名義の定期預金は、私たちの親世代の時代は、親が勝手に作ることができましたが、今は難しくなっています。そして、親が作った子供名義の定期預金は、以前は、親が解約手続きをすることもできましたが、今は、子供自身が窓口に行かなければ、解約はまず不可能です。

こうした背景のもと、子供名義の定期預金が、放置されたままのケースが多くなっています。私の母も、私名義の定期預金をしていましたが、私が知ったのは、母親の死後、「定期預金満期のお知らせ」のハガキを発見したからでした。もしハガキの存在に気付かなかったら……。32ページでも触れましたが、今後、こうした銀行からのお知らせが届かないケースが増える傾向にあります。実際、三菱東京UFJ銀行では、定期預金満期通知状の発送を2015年に取りやめています。

### 親が作った子供名義の普通預金も確認

子供名義の口座は、定期預金だけではなく、普通預金もあるかもしれません。子供の幼少期に普通預金の口座を作り、コツコツと貯めて、いつのまにか、そのままになっているケースです。それだけに、早い段階で、親に子供名義の預金の有無を確認すべきです。そして、もし定期預金や普通預金があることがわかったら、タイミングを見て、子供自身で解約手続きをするとよいでしょう。私は、通知書だけを持って銀行に行きましたが、解約できました。

なお、子供名義の預金は、親が支払ったものであるため、親の財産になります。そのため、法律上は、贈与税の非課税枠（年間110万円まで）を超えると、贈与税が発生します（128ページ参照）。とはいえ、親子間で「あなたに渡しとくよ」とやりとりすれば、それが露見することはないので、自己判断で行えば問題ないと思います。

# 子供名義の定期預金の解約手続きの仕方

子供名義の定期預金は、子供が解約手続きを行います。
定期預金の通帳や届出印がある場合、すべてない場合で、手続きの仕方は違います。

## 通帳や届出印が揃っているケース

**必要なモノ**

- 定期預金の通帳
- 届出印
- 現住所がわかる身分証明

**STEP 1 必要なモノを揃えて、銀行に行く**

銀行は口座のある支店に行く必要はなく、どこでも大丈夫です。口座の住所が実家で、現在の住まいと違う場合は、まずは、口座の住所変更をします。あとは解約手続きをするだけです。

▼

**STEP 2 すぐに普通預金の口座に入金される**

すぐに普通預金の口座に入金されます。同一銀行の他支店指定でも、即日振込が基本です。なお、ほかの銀行に振込む場合は、数日日数を要します。

## 通知ハガキのみのケース

**必要なモノ**

- 印鑑
- 通知書
- 振込先の銀行口座
- 現住所がわかる身分証明

**STEP 1 電話で、定期預金の口座をストップする**

まずは銀行に電話をかけ、届出印などが紛失したことを伝え、定期預金の口座を止めます。ただし、何も連絡せずに、銀行に行っても、対応はしてもらえます。

▼

**STEP 2 必要なモノを揃えて、銀行に行く**

銀行の窓口で、通帳と印鑑の紛失届を行います。銀行は口座のある支店に行く必要はなく、どこでも大丈夫です。口座の住所が実家で、現在の住まいが違う場合は、口座の住所変更をすることになります。その後、解約の手続きを行います。

▼

**STEP 3 数週間後、指定の口座に入金される**

振込先の口座に入金されるのは、手続き後、数週間かかることもあります。

column

# 親のメインバンクの暗証番号は必ず聞きましょう！

母が最初の初期のがんを克服したとき、私は、親のメインバンクの通帳とハンコ、キャッシュカードの在り処を把握しましたが、暗証番号だけは、聞きませんでした。何度も聞こうとしましたが、なぜか後回しにしていました。その後、母が末期がんになったときには、死の宣告をするような気がして、とうとう聞けないまま、母は危篤状態に陥りました。

その後、どうしてもお金が必要になった私は、通帳など一式を持って、さらに母が病気である証拠、父が認知症である証拠、私が息子である証拠を持って、口座のある銀行の支店に向かいました。すると課長と面談することができ、私はなぜお金が必要なのかを訴えました。その結果、課長の責任のもと、私はお金をようやく下ろすことができました。

私が皆さんに伝えたいのは、暗証番号がわからないと、それほどまでに親の預貯金を下ろすことが難しいということです。面談時、暗証番号を教えてほしい、と懇願しましたが、それは無理でした。その結果、私は父の成年後見人になる必要が生じてしまいました（140ページ参照）。親のメインバンクの暗証番号は、親が元気なうちに絶対に聞いておきましょう。

**親が元気なうちに、暗証番号を聞かないと……**

**① 病気の親に聞き出すことに**

どうしても親のお金が必要になれば、病床の親に「暗証番号を教えて」と聞くことになります。罪悪感でいっぱいになります。

**② 口座のある銀行の支店に直談判することに**

暗証番号がわからず、それでも引き出す必要が生じれば、銀行への直談判しかありません。さまざまな書類を用意するなど、苦労を伴います。

**③ 直談判しても、断られることもある**

私は、運よく下ろすことができましたが、知人の中には「無理だった」というケースもあります。そうなればお手上げです。

# 3章

## 親の死亡・医療保険を、しっかり見直す

取材協力：ファイナンシャルプランナー（CFP）・社労士　田中香津奈氏

みなさんの多くは生命保険主に（死亡・医療保険）に加入していることでしょう。では、親の保険は把握していますか？　知らない人も多いはずです。生命保険文化センターの「生命保険に関する全国実態調査」（２０１５年）によると、世帯加入率は、89・２％と、日本人の多くが生命保険に加入しています。親も当然、保険に加入していると考えるべきです。

では、どのくらいの年間保険料を支払っているのか。同調査では、年38・5万円となっています。私の親は、父を被保険者にして、月額約3万円の死亡保険に加入していました。30年間、この保険料であれば１０００万円を超えます。ある調査では、死亡保険の加入者が亡くなった際に支払われる金額は平均１５００万円ですが、実際に支払われた額は約２７８万円とのこと。これは、保険期間は一定で、その間に死亡した場合のみ、死亡保険金が支払われる「定期保険」の保障額が多いからです。

私の父の保険は、明治安田生命の「ライフアカウントL．A．」（利率変動型積立終身保険）でした。「終身保険」となっていますが、実際は、更新型の定期保険と積立を組み合わせたもので、保険料払込期間が終わったあとに積立部分で終身保険を再契約するといった内容でした。父の保険は、80歳満期の定期保険が８００万円で、その後、終身保険を契約した場合、その保障額はたったの15万円と試算されていました。この保障内容はとても複雑になっているために、親が理解していたとはとうてい思えません。保険証券を出してきて分からない場合、まずは公平中立なＦＰや複数の商品を取り扱う保険相談ショップなどで、セカンドオピニオンを聞いて、しっかりとチェックしてみましょう。また、この機会に子供自身の保険の見直しも行いましょう。

## 親は、自分の生命保険の詳細を知らない

結果――父の死後は190万円程度のお金が入るのみになりました
でもまあお支払いががくんと減ったしね
しかし――いったい今までいくら支払ってきたんだろう…
ピピピッ
仮に父が大学卒業後から70歳まで月々3万円支払ってきたとして…
22歳
70歳
な・なんと1700万円!!
ひえ〜〜〜
あんぐり…
それで死亡時にもらえるのは190万円…
くらっ
結果論ですが、銀行に預けておけばよかったですっ!!
バン!!
100%粗悪な商品はありませんが、保障内用はシンプルがベストです
「自分の親は大丈夫!」と思わずに親の保険を今すぐチェックしてください!
自分の分もチェーック!!
ひどーな
さ!チェックするわよ!
うん!

# 1-3 親は、自分の生命保険の詳細を知らない

親の世代は、子供の世代以上に、自分の生命保険の内容を理解していないと思うべきです。その一番の理由は、保険のG（義理）・N（人情）・P（プレゼント）といった理由から加入しているケースがほとんどで、しっかりと理解して契約した人は少数なのが現状だからです。現役時代、職場に来る保険外交員の言われるがままに、加入しているケースが多いということです。

生命保険文化センターの「生命保険に関する全国実態調査」（15年）では、営業職員を通じて、保険に加入する割合は59・4％で、さらに「特に商品比較をしなかった」が69・6％にのぼっています。カタカナ生保や外資系生保が増えている今でさえ、この状態なのです。昔はもっと、この比率が高かったはずです。

## 保険の見直しは悪くなるケースもある

そのため、保障内容には無頓着となり、その後は、数年に1回のペースで保険の見直しをしていき、そのまま定年後まで続くケースが多いのです。結婚した、子供が産まれたなどのライフスタイルが変化したときに、きちんと見直しをしていれば、何の問題もありません。しかし、見直しと称して、それまで内容が良かった商品を、粗悪な商品に切り替える悪質な転換（コンバージョン）手続きにより、契約者が気づかないうちに、不利益を被ることが多いのです。保険の見直しは、良くなるケースと悪くなるケースがあるのです。

それだけにまずは、親がどんな死亡保険に加入しているかをチェックすべきです。保険の内容は、定期的に書類が届くので、子供がこっそり見るのも容易なはずです。左ページに挙げたのが、現在の死亡保険の主な種類です。どれにあてはまるのか、まずは確認してください。保険の見直しは、子供自身の保険についても行うべきです。保険外交員に言われるまま、保険に加入している場合は、要注意です。

# 親が加入している死亡保険

各保険会社ごとに、いろいろな名前で死亡保険を販売していますが、基本的には「定期保険」「終身保険」「養老保険」のいずれかになります。ただし「利率変動型積立終身保険」は、「定期保険」と「終身保険」の組み合わせと考えたほうがよいでしょう。

**定期保険**

保険期間は一定で、その間に死亡した場合のみ、死亡保険金が受け取れる保険です。保険の期間中、保険金額は一定で増減しないのが一般的です。

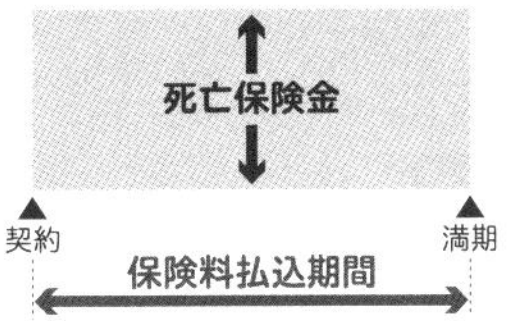


### 定期保険の派生商品

**逓減定期保険**

保障期間中の保険料は一定で、死亡保険金額が一定の割合で減っていく保険です。保険金額が少しずつ減っていくため、保険料は割安です。

**収入保障保険**

保障期間中の保険料は一定で、死亡保険金を一度に受け取るのではなく、所定の期間、年金形式で受け取るため、逓減定期保険よりさらに割安です。

**終身保険**

保険期間が一定ではなく、一生涯続く保険です。保険料の支払いは、一定期間で満了する有期払込タイプと、一生涯払い続ける終身払込タイプに分かれます。保険料は定期保険に比べて割高です。解約すると、解約返戻金が支払われます。

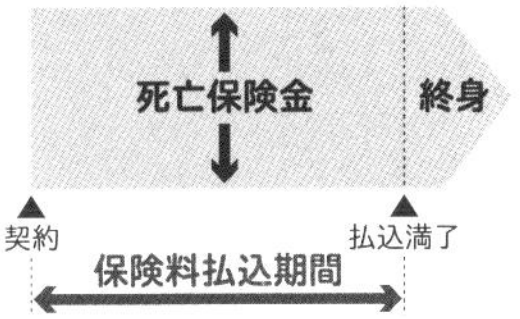


### 終身保険の派生商品

**利率変動型積立終身保険**

「終身保険」に「定期保険」を特約として組み合わせた保険のこと。終身保険は、払込期間満了時に、積み立てた額を元に移行する形になります。保険料は「積立」と「保障」の二部構成になっていて「保障」の保険料は、特約の部分に使われ、「積立」の保険料は、終身保険の部分になります。保険料の大半は、保障の部分に回されます。

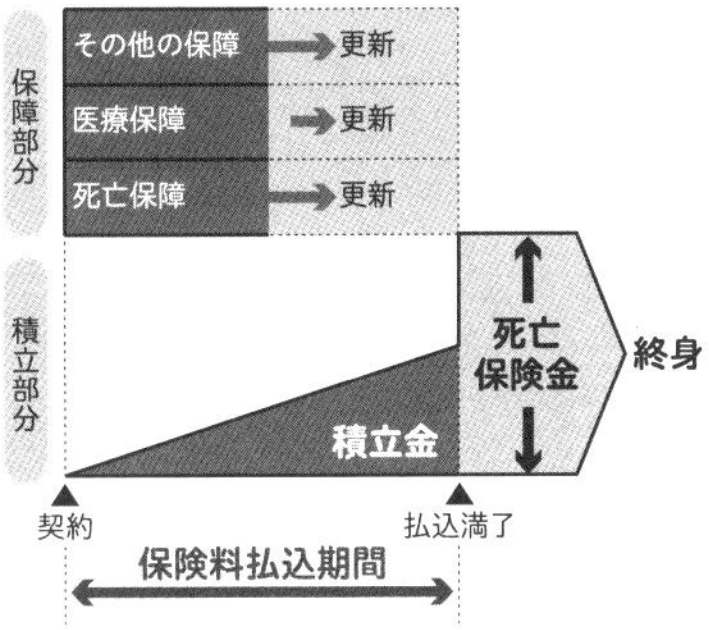


**定期付終身保険**

「終身保険」に「定期保険」を特約として組み合わせた保険です。2000年以降前の死亡保険はこの保険であるケースが多いです。

**養老保険**

いくつかの保険期間があり、この期間内に死亡したときに死亡保険金が支払われます。そして期間内に死亡しなくても、満期保険金が支払われます。基本的には、死亡保険金と満期保険金の額は同じです。

### 養老保険の派生商品

**定期付養老保険**

「養老保険」に「定期保険」を特約として組み合わせた保険です。1980年代、人気のあった商品です。

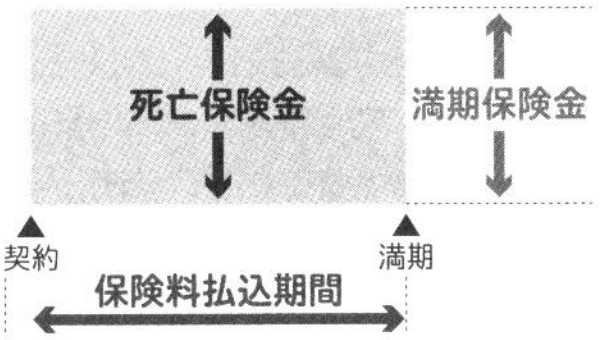

親の死亡保険の見直しをする
私の父の保険は明治安田生命の「ライフアカウントL.A.」(利率変動型積立終身保険)というものでした
これが…はっきり言って
とんでもない保険でしたッ
簡単に言うと保険料は「積立部分」と「保障部分」の2部構成です
はい そのとおり
支払った保険料は保障部分と積立部分にたまっていきますが
大半は保障部分に入っていくので積立部分はほんと少なめです
保障部分
医療保障
死亡保障
その他の保障
更新
更新
更新
積立部分
積立金
死亡保険金
終身
契約
← 保険料支払期間 →
払込満了
払込満了後に終身保険を買うということなんですが
なんと途中から積立部分を「取り崩して」特約に回そうとするのです!!
保障部分
医療保障
死亡保障
その他の保障
更新
更新
更新
積立部分
積立金
死亡保険金
終身
← 保険料支払期間 →
払込満了
これって積立部分を限りなくゼロに近づけようという魂胆!!

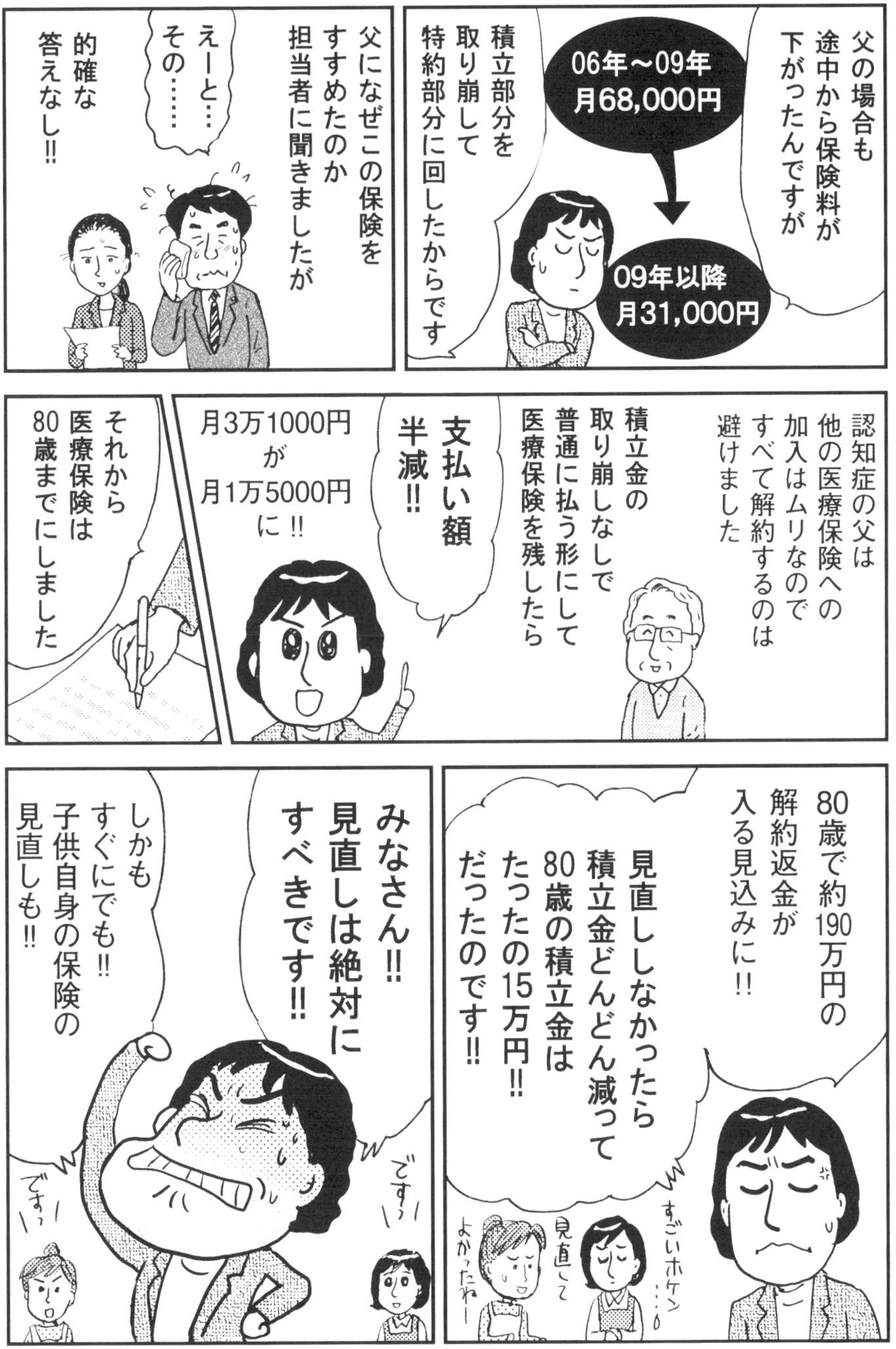

父の場合も途中から保険料が下がったんですが
06年～09年 月68,000円
09年以降 月31,000円
積立部分を取り崩して特約部分に回したからです
父になぜこの保険をすすめたのか担当者に聞きましたが
えーと…その……
的確な答えなし!!
認知症の父は他の医療保険への加入はムリなのですべて解約するのは避けました
積立金の取り崩しなしで普通に払う形にして医療保険を残したら
支払い額半減!!
月3万1000円が月1万5000円に!!
それから医療保険は80歳までにしました
80歳で約190万円の解約返金が入る見込みに!!
見直ししなかったら積立金どんどん減って80歳の積立金はたったの15万円!!だったのです!!
すごいホケン…
見直してよかったねー
みなさん!! 見直しは絶対にすべきです!!
しかもすぐにでも!! 子供自身の保険の見直しも!!
ですっ
ですっ

## 2-3 親の死亡保険の見直しをする

　死亡保険の良し悪しは「予定利率」が大きく関係しています。「予定利率」を分かりやすく説明すると、割引率のことで、数値が大きくなるほど契約者にとってはお得です。死亡保険は契約時期が古いほど、内容が良いケースが多いということですが、予定利率が高かった商品を転換手続きにより、粗悪な商品になってしまったケースが後を絶ちません。親の世代の中で、保険の内容に無関心な人のほとんどは漢字生保の保険に入っていると考えてよいでしょう。親の死亡保険を把握したら、親に「なぜ、その保険に加入しているのか」を聞くことが大事です。そして、親が保険内容を理解し、本当に納得しているのであれば、そのまま加入し続ければよいと思います。

### 保険内容を把握してないときは要注意

　しかし、保険内容を理解していなかったり、誤解している場合は、親と話し合う必要があります。その際は、保険会社の担当者とも会うべきです。よい保険の条件は「よい会社」「よい商品」「よい担当者」の３つです。「よい会社」とは財務内容が健全な会社のことで、「よい商品」とは、困ったときに必要なお金が十分給付される商品のことです。よい保険の３つ目の条件である「よい担当者」とは、なるべく給付金や保険金が早く、少しでも多く出るように動いてくれる人のことをいいます。私の父の保険は「要介護２以上は一時金２００万円」という特約にも加入しており、そのとき、父は要介護3だったために給付請求をしましたが、父が認知症だったことから、何度か面談が必要となりましたが、父が嫌がったために、一時は諦めかけたこともありました。なかなかスムーズにいかなかったのですが、よい担当者が付いていれば、そのようなことにはならなかったということです。

　保険の見直しは「解約」や「現在の保険の内容を変更」「解約して他社の保険に加入」、現在の保険を活用して、新

## 生命保険の主力商品の変化

時代によって、予定利率や主力商品は変わります。
漢字生保は定期付終身保険や利率変動型積立終身保険が、
漢字生保以外では、シンプルな終身保険や終身医療保険が主力商品です。

| | | 昭和50（1975）年代 | 昭和60（1985）年代 | 平成1（1989）年 | 平成13（2001）年 | 平成14（2002）年 | 平成18（2006）年 | 平成19（2007）年 | 平成20（2008）年 | 平成25（2013）年 |
|---|---|---|---|---|---|---|---|---|---|---|
| 予定利率（%） | | 4.0→〈S51〜〉5.0 | 5.5 | 5.5→〈H5〜〉4.75→〈H6〜〉3.75→〈H8〜〉2.75→〈H11〜〉2.0 | 1.5 | | | | | 1.0 |
| 主な主力商品 | 漢字生保 | 終身保険 | 定期付終身保険（全期型） | 定期付終身保険（更新型） | | | | | | |
| | | | | | 利率変動型積立終身保険（アカウント型） | | | | | |
| | 漢字生保以外（カタカナ・外資系・ひらがな） | | 終身保険（1,000万円以上など大型保障） | | | | | | | |
| | | | | | ドル建て終身保険 | | | | | |
| | | | | | | | 低解約返戻金型終身保険 | | | |
| | | | | | 収入保障保険 | | | | | |
| | | | | | | 終身医療保険 | | | | |

出典：株式会社フェリーチェプラン　

## 死亡保険でよくある誤解

親世代の多くは、死亡保険を正しく理解していないと思うべきです。
ここでは加入者の多いの2つの商品について、多くの人が誤解している点を紹介します。

**定期付終身保険** →

- 銀行の定期預金と名前が似ているため、定期部分は、65歳や70歳時点などで無くなるとは思っておらず、利息が付いて返ってくると勘違いしている人が多くいます。終身部分の保障のみが一生涯続く商品なのです。
- 死亡時受取額は、定期部分と終身部分の合計額をチェックすると、終身部分の5倍、10倍と手厚い額になります。そのため、終身部分の保障は、かなり低めです。
- 平成に入ると、更新型がメイン。更新時の年齢で保険料が決まるので、保険料は上がっていきます。

**利率変動型積立終身保険** →

- この保険は、保険会社の担当者でも、100％理解していないケースも多く、契約者のほとんどは正しく理解していないと考えるべきです。
- 積立により、お金がたまると思いがちですが、保険料は「積立部分」よりも「保障部分」に多くつぎこまれ、積立部分はかなり少なくなります。
- 「終身保険」とは名ばかりで、保険料払込期間の終了後に、積立部分で、終身保険を組む形です。しかし積立金が少ないことが多く、終身保険は相当低くなります。

たな保険に契約する「転換」などの方法がありますが、それぞれ注意すべき点があります。

## 新しい保険に親は加入できるのか?

まず、「解約して他社の保険に加入」は、年齢、健康面から、新しい保険への加入ができない可能性もあるので、要注意です。例えば、定期付終身保険で、特約に医療保険が付加されている場合、すべてを解約して、新たに他社の医療保険に入り直そうとしても、無理な場合もあります。事前の確認は必須になります。私の父は新たに医療保険の加入は難しく、「ライフアカウントL.A.」の特約を残す必要がありました。

また、解約すると、解約返戻金が支払われることもあります。この金額は、保険の種類、契約時の年齢、保険期間、経過年数で異なってきます。実は、1996年4月1日以前の終身保険や養老保険は、保険料の運用利率が高くなっています。現在は1%未満ですが、何と93年4月1日以前は、5・50%です。契約した時点の利率が適用されます。解約返戻金は、経過年数が伸びるごとに高くなるため、すぐに解約しないのも、1つの方法になります。保険料をこれ以上払いたくない場合は、払済保険(左ページ参照)にするのもよいでしょう。

一方、「転換」については、保険会社の言いなりにならないことが重要です。転換は、現在の契約の積立部分や積立配当金を「下取り価格」として、新しい契約の一部にあてる方法です。担当者は「保険料が安くなる」というセールストークで転換を勧めますが、保険会社の意図は違うところにあるケースがほとんどです。

一例を挙げます。転換すると、新たに契約した運用利率が適用されます。前述した運用利率の高い保険は、保険会社にとって、負担が大きいため、利率の低い新しい商品に切り替えさせようと転換を勧めるのです。その口車にのれば、相当損をする可能性が高くなります。私の父の保険は、まさに転換してしまったものです。

## 子供が保険金を支払うのも視野に

なお、親の死亡保険の見直し時は、子供が保険金を支払い、子供を受取人にする選択も考慮しましょう。例えば、親の資産が少ない場合、親が要介護状態になると、子供が全面的に費用負担をすることになります。もしかしたら子供が会社を辞める必要も出てくるかもしれません。そのリスクを軽減させるために、親の死亡保険を活用するのです。

## よい保険の条件

死亡保険は、親が保険内容を理解し、納得していれば、それが「よい保険」といえますが、客観的に見る場合は、次の３つの条件を満たすのが、よい保険となります。

**1 よい会社か**

生命保険は、長く続ける性格のものなので、保険会社が潰れないことが、絶対条件になります。財務内容が健全な会社の商品を選ぶことが大事です。

**2 よい商品か**

困ったときに必要なお金が十分給付される品でなければ、その商品は悪い商品といえます。

**3 よい担当者か**

なるべく給付金や保険金が早く、少しでも多く出るように動いてくれるのがよい担当者です。

▼

**3つがすべてそろったら、よい保険**

## 保険の見直しの仕方

### 払済保険に変更

終身保険など貯蓄性の高い死亡保険は、解約するよりも、保険料の支払いをストップする「払済保険」にしたほうが、トクすることもあります。特約はなくなりますが、主契約の保障は減額されるものの継続されますし、解約返戻率も高くなることもあります。

### 現在の保険の内容を変更

主契約や特約を減額したりします。あるいは、特約部分をすべて解約する方法もあります。

### 解約して他社の保険に加入

これまでの保険と同様の保険に乗り換えるパターンです。年齢、健康面から、新しい保険への加入ができない可能性もあるので、要注意です。事前に確認することが大切です。

### 解約して、そのまま

解約することで、その瞬間から、保障はゼロになります。本当に、その保険はいらないのかじっくり考えて判断してください。

## 医療保険加入は高額療養費制度を考慮して決める

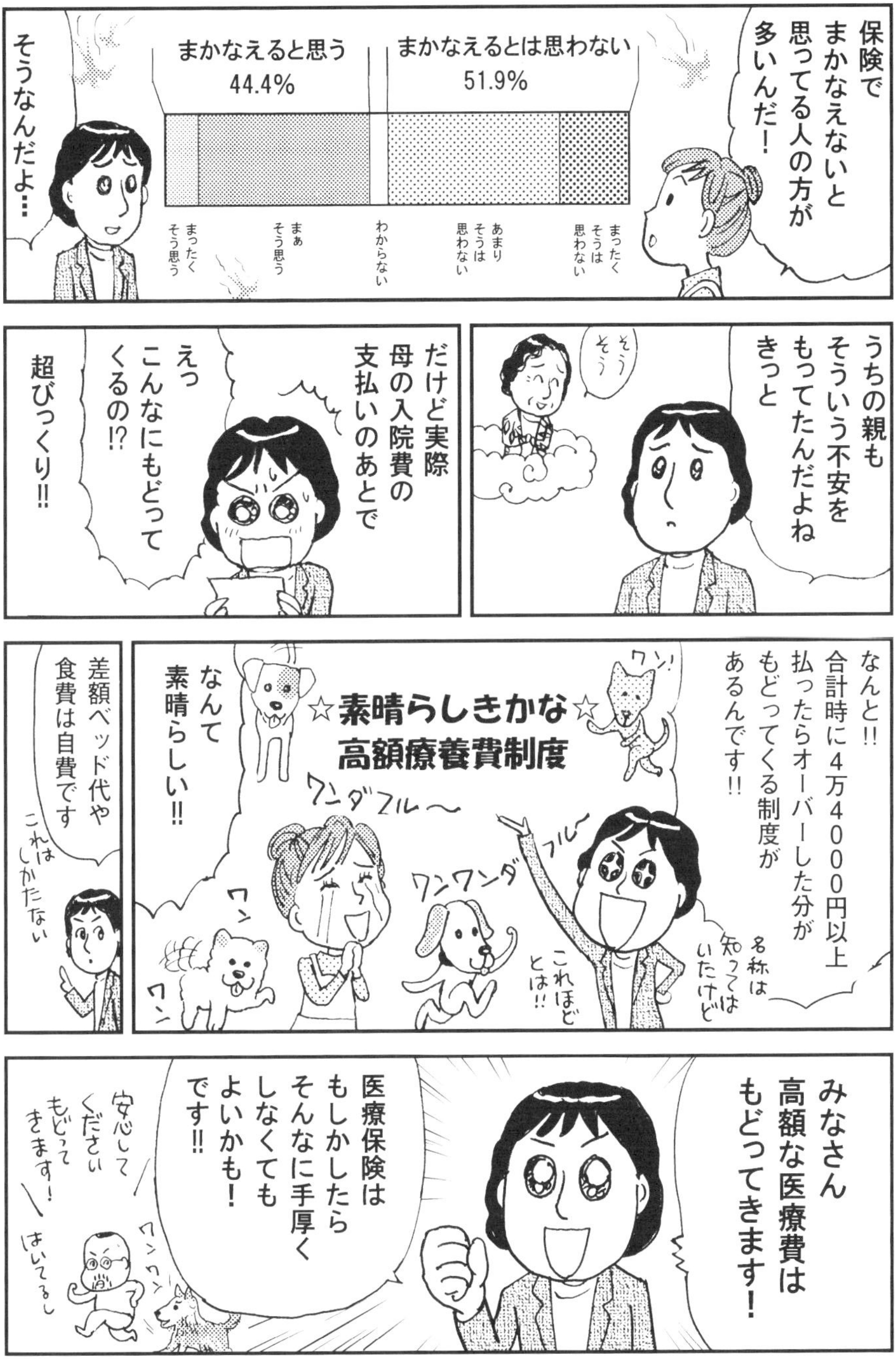
保険でまかなえないと思ってる人の方が多いんだ！
まかなえるとは思わない
51.9%
まかなえると思う
44.4%
まったく そうは 思わない
あまり そうは 思わない
わからない
まぁ そう思う
まったく そう思う
そうなんだよ…
うちの親もそういう不安をもってたんだよね きっと
そう そう
だけど実際母の入院費の支払いのあとで
えっ こんなにもどってくるの!?
超びっくり!!
なんと!! 合計時に4万4000円以上払ったらオーバーした分がもどってくる制度があるんです!!
名称は知ってはいたけど
これほどとは!!
ワン!
☆素晴らしきかな☆
高額療養費制度
なんて素晴らしい!!
ワンダフル〜
フル〜
ワンワンダ
ワン
ワン
差額ベッド代や食費は自費です
これはしかたない
みなさん高額な医療費はもどってきます！
医療保険はもしかしたらそんなに手厚くしなくてもよいかも！です!!
安心してください もどってきます！
はいてるし
ワンワン

# 3 医療保険加入は高額療養費制度を考慮して決める

皆さんの親は、医療保険に加入しているでしょうか。私の母は民間の医療保険に3つ、父も3つ入っていました。母の死後、医療保険の請求手続きを行う中で、私が思ったのは「最低限の保障の医療保険に1つ入っておけば十分」ということでした。

## 月4万4400円以上払わないでOK

その一番の理由は、高額療養費制度の存在です。70歳以上の高齢者は、入院時で4万4400円、外来で1万2000円（同一月内）を超えて医療費を支払う必要のない制度です。私の母は、末期がんになり、闘病生活は3か月に及びました。入院は1か月半で、残りは基本的に通院でした。高額療養費制度を利用して、医療費の自己負担額は、11万2800円程度でした。

なお、この制度は、差額ベッド代や食費については、適用外です。食費の自己負担額は、現在1食360円（18年から460円）です。母の場合、45日で4万8600円となり、医療費とあわせて最大約16万円の自己負担となりました。おそらく母は、高額療養費制度をあまり理解しておらず、「何となく不安だから」と、多くの医療保険に入っていたんだと思います。母は、入院給付金日額5000円の医療保険に3つ入っていましたが、1つだけでも、45日ぶん＝約22万円となり、十分カバーできた計算になります。

生命保険文化センターの「生活保障に関する調査」（13年）によると、入院時の入院日数は、平均19・7日となっています。一番多いのが、8〜14日の28・6％です。20日（同一月内）だとして、高額療養費4万4400円と食費約2万円の自己負担額です。入院給付金日額3000円程度でも十分なのです。

医療保険は年齢を重ねると、保険料は高くなっていきます。高額療養費制度をしっかり理解したうえで、入る保険を決めることが肝心なのです。

## 70歳以上の高額療養費制度の仕組み

70歳を超えて入院すると、同一月内で、４万4400円以上を支払う必要はありません。
医療費の自己負担割合も、70～74歳で２割、75歳以上で
１割と、現役世代の３割に比べて優遇されています。

| 区　分 | 外来のみ（個人ごと） | 入院および入院した月の外来分（世帯単位） |
|---|---|---|
| **一般**<br>（下記のいずれにも該当しない方） | 12,000円 | 44,400円 |
| **低所得者①**<br>（被保険者とその扶養家族すべての方の収入から必要経費・控除額を除いた後の所得がない場合） | 8,000円 | 15,000円 |
| **低所得者②**<br>（市区町村民税非課税世帯などの方） | 8,000円 | 24,600円 |
| **現役並み所得者**<br>（１人暮らしで年収約383万円以上、夫婦2人暮らしで年収約520万円以上） | 44,400円 | 80,100円＋（医療費－267,000）×1%<br>【多数該当:44,400円】 |

## 入院時の入院日数

入院経験のある人の、直近の入院日数の平均は19.７日となっています。
一番多いのが、８～14日の28.６％です。
こうしたデータも参考にして、医療保険の内容を決めることが大切です。

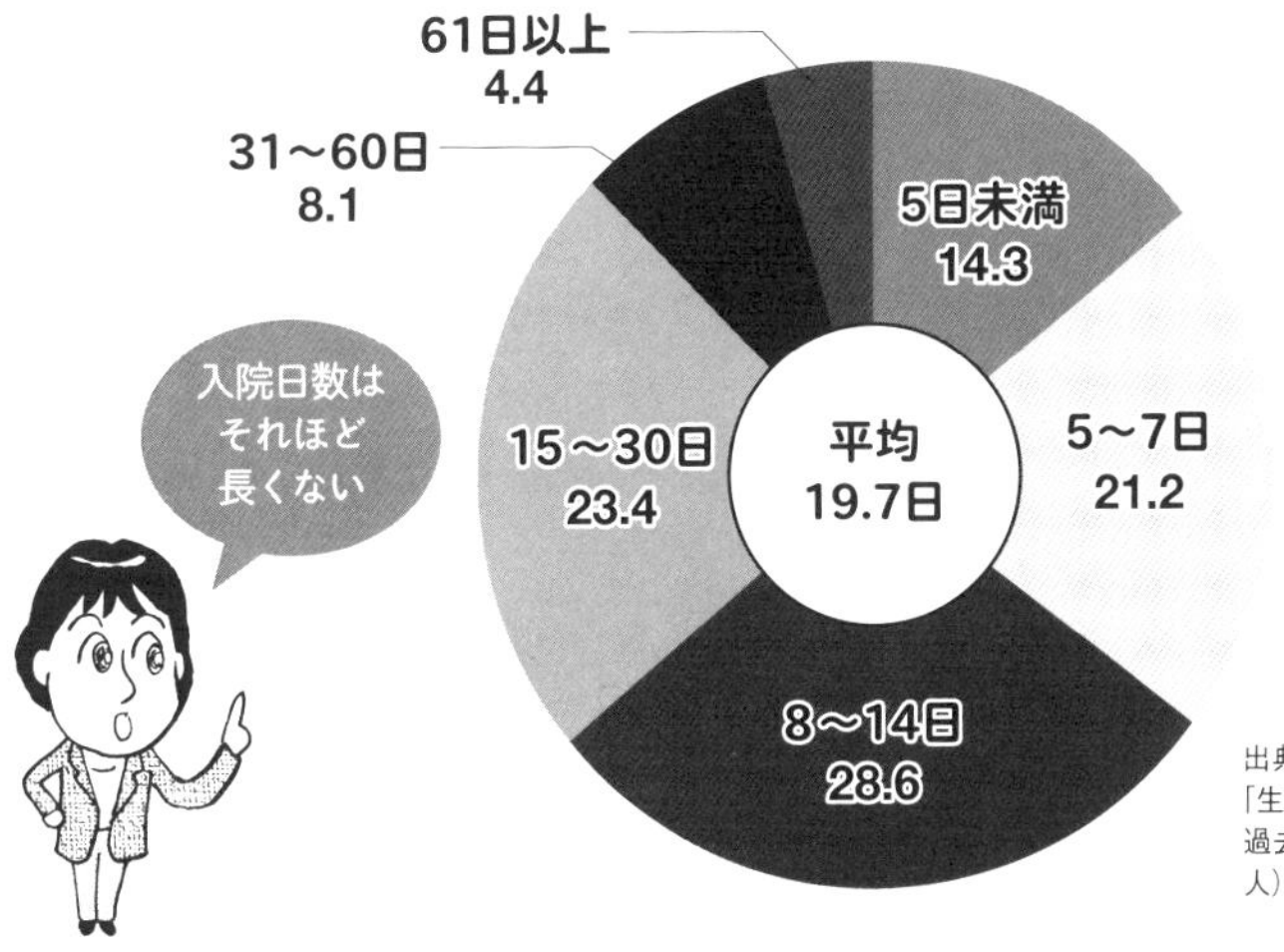


出典：生命保険文化センターの「生活保障に関する調査」（13年）過去５年間に入院した人（608人）に聞いた。単位：%。

column

# 火災保険や自動車保険も要チェック！

3章では、親の生命保険の見直しについて、詳しく見ていきましたが、損害保険もチェックしておきましょう。その中には「昔からの付き合いだから……」と、高い保険料を払っているケースが、意外に多くあります。

例えば「火災保険」は、住宅ローンを組んで家を購入した際、借入金の銀行に勧められるまま加入しており、「じつは補償の内容がわからない」というケースもあります。私の知人の親は、超高層マンション住まいにもかかわらず、水害の補償を付けていたそうです。これは、多くの補償がセットされたパッケージ型の火災保険に加入していたために起こった事態です。最近は、パッケージ型ではなく、自分で必要な補償を選べる火災保険も出てきているので、親の家の火災保険の更新時、見直しをしてみるのもよいでしょう。

また、自動車保険にも注意が必要です。最近は、インターネットで申し込める、安価な自動車保険も出てきましたが、親世代の多くは、代理店を通して、契約を結んでいることが少なくありません。私の義父がまさにそうで、私が「年間3万円程度」であることを伝えると、びっくりしていました。場合によっては、倍近くの保険料になるので、注意してください。

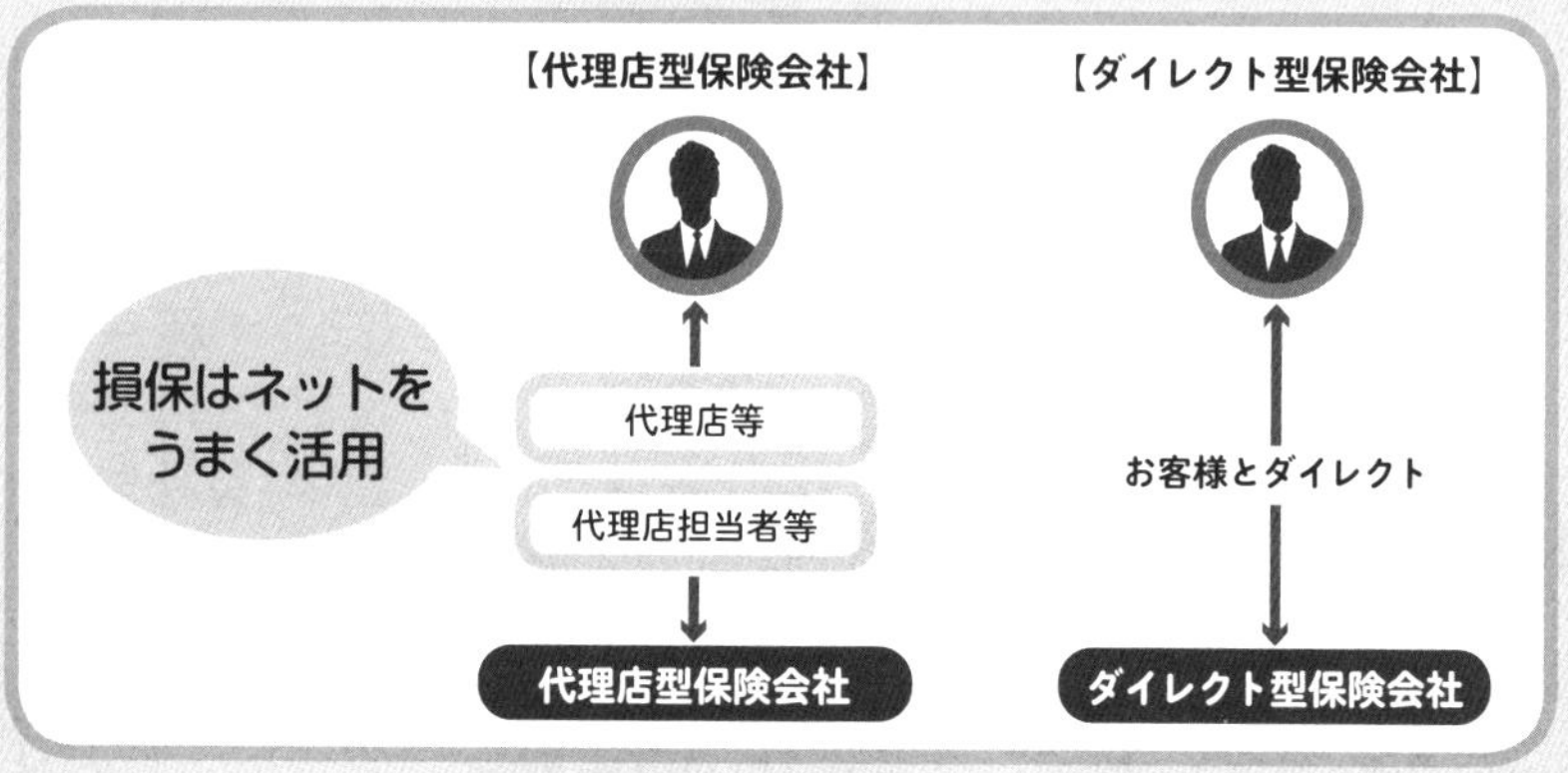

# 4章

# 親の年金支給額をつかむ

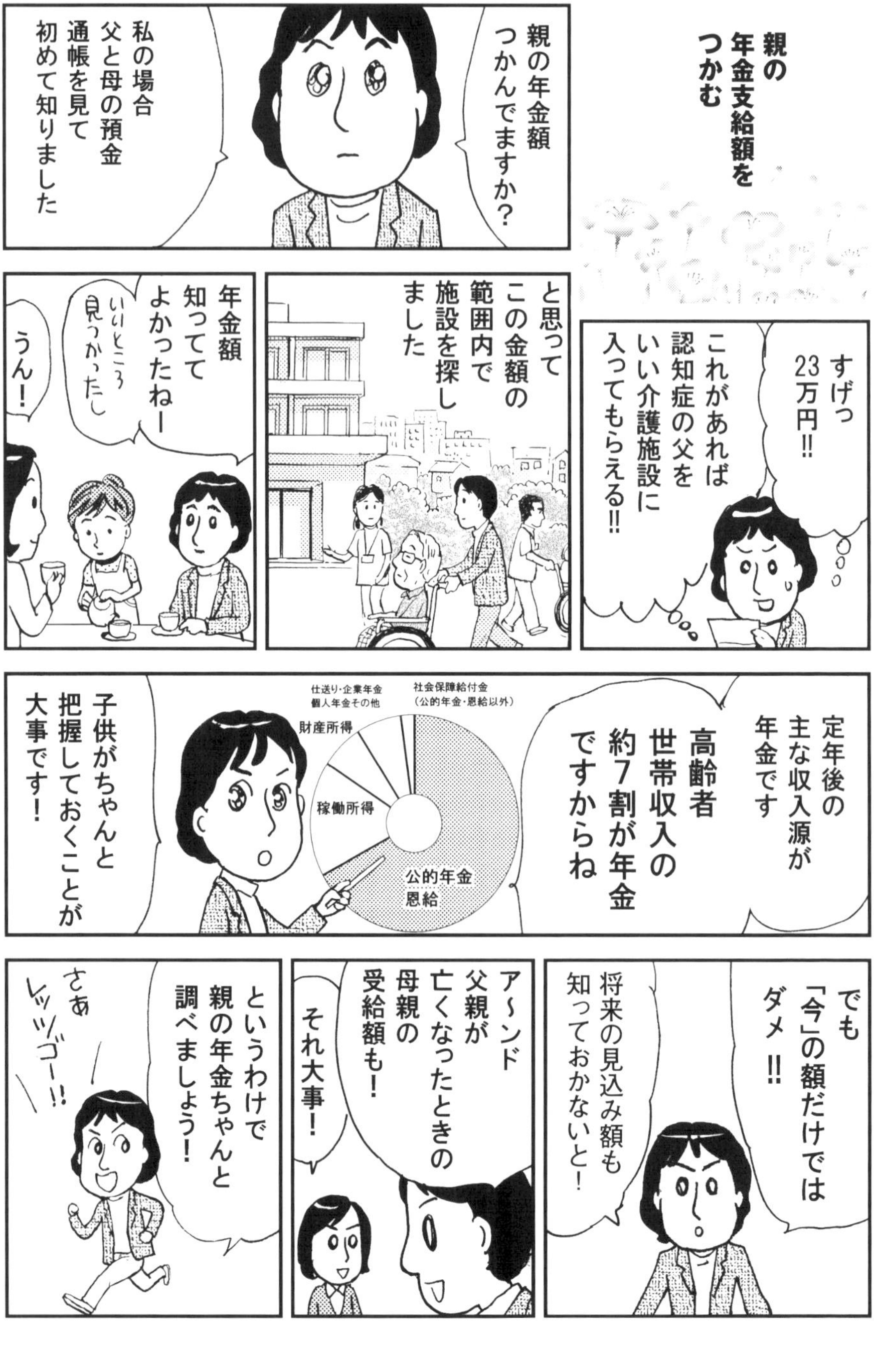
親の
年金支給額を
つかむ
親の年金額
つかんでますか?
私の場合
父と母の預金
通帳を見て
初めて知りました
すげっ
23万円!!
これがあれば
認知症の父を
いい介護施設に
入ってもらえる!!
と思って
この金額の
範囲内で
施設を探し
ました
年金額
知ってて
よかったねー
いいところ
見つかったし
うん!
定年後の
主な収入源が
年金です
高齢者
世帯収入の
約7割が年金
ですからね
社会保障給付金
（公的年金・恩給以外）
仕送り・企業年金
個人年金その他
財産所得
稼働所得
公的年金
恩給
子供がちゃんと
把握しておくことが
大事です!
でも
「今」の額だけでは
ダメ!!
将来の見込み額も
知っておかないと!
ア〜ンド
父親が
亡くなったときの
母親の
受給額も!
それ大事!
というわけで
親の年金ちゃんと
調べましょう!
さあ
レッツゴー!!

親が定年を迎え、ある一定の期間を経ると、公的年金の支給が始まります。以前であれば、60歳から支給は始まっていましたが、少しずつ支給開始年齢が引き上げられ、男性で昭和36年（女性は昭和41年）4月2日以降の誕生日の人からは、完全に65歳からの給付になっています。

みなさんは、親の年金支給額を知っているでしょうか。24ページでも触れましたが、年金は、親のメインバンクに振り込まれるため、それをチェックすれば確認できます。あるいは、毎年誕生月に郵送される「ねんきん定期便」でも、支給額をつかむこともできます。

私の認知症の父は、母の死後、介護施設に入居することになりました。その施設は、私が「父の年金額」を目安に探しました。

定年後、親の収入が、年金のみというケースは多いはずです。それだけに、子供が親の年金額を知っておくことは、とても重要なことなのです。この場合、当然のことですが、父親だけではなく、母親の年金額もつかんでおくことも忘れないでください。

しかし、それだけでは足りません。親の年金額をつかむ場合は「今」だけではなく「将来」の見込み額も把握しなければいけません。私の父の介護施設の費用は、ほぼ年金の1か月分なのですが、それが今、後悔となっています。なぜかといえば、親の年金が今後目減りしていくからです。このことを理解している人は少ないはずです。子供が把握し、伝えることが肝心です。

また、父親が会社員で、母親が専業主婦の期間が長かった場合は、父親が亡くなったあと、どのくらいの年金が母親に振り込まれるのかも、知っておく必要があります。母親の老後の生活に大きくかかわる問題だからです。この章で、親の年金のすべてをつかみましょう。

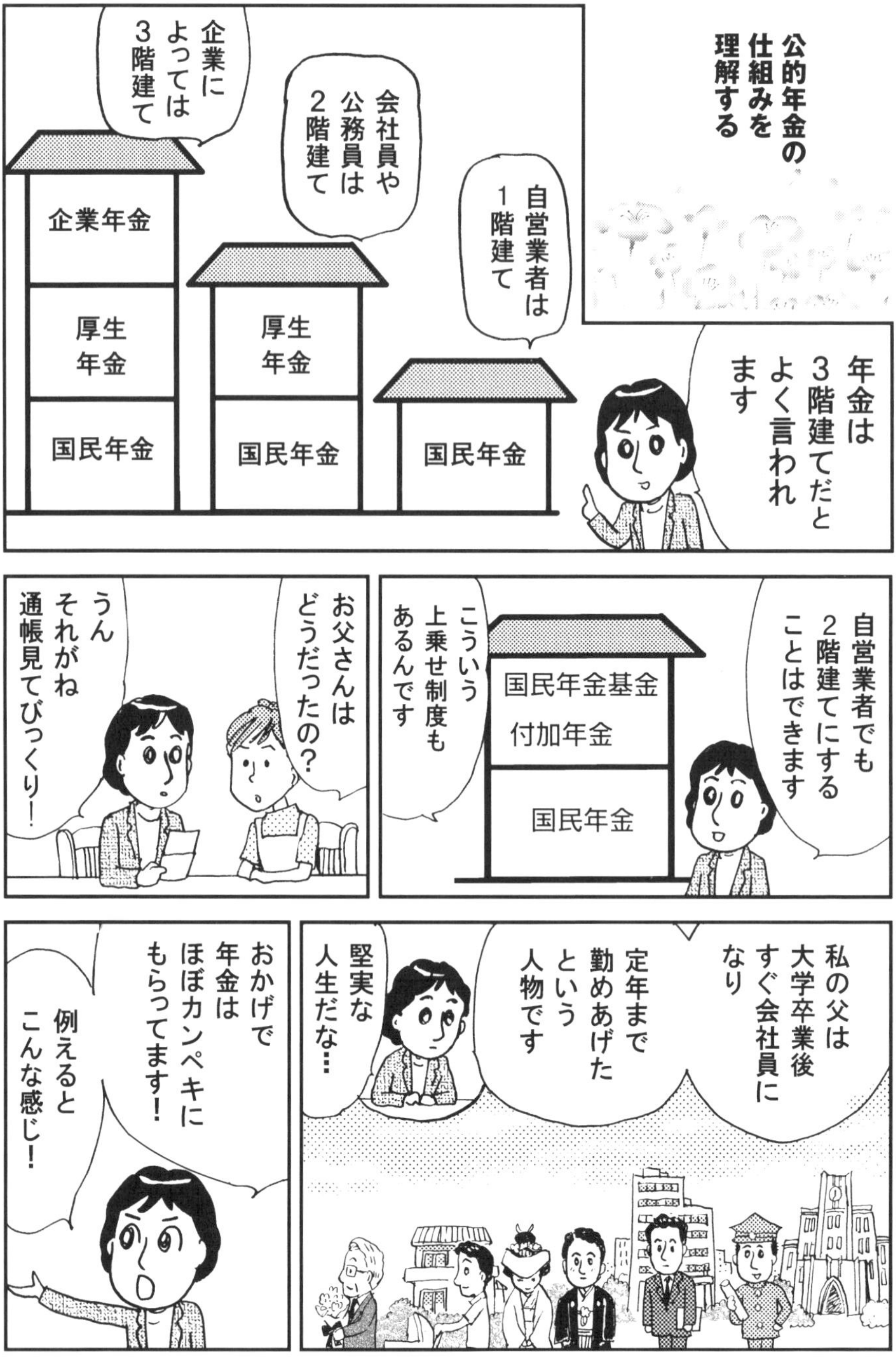
公的年金の仕組みを理解する
年金は3階建てだとよく言われます
自営業者は1階建て
会社員や公務員は2階建て
企業によっては3階建て
企業年金
厚生年金
国民年金
厚生年金
国民年金
国民年金
自営業者でも2階建てにすることはできます
こういう上乗せ制度もあるんです
国民年金基金
付加年金
国民年金
お父さんはどうだったの?
うん それがね 通帳見てびっくり!
私の父は大学卒業後すぐ会社員になり
定年まで勤めあげたという人物です
堅実な人生だな…
おかげで年金はほぼカンペキにもらってます!
例えるとこんな感じ!

1～2階部分のの
国民年金と
厚生年金で
毎月 13万4000円
3階部分
厚生年金基金が
毎月 8万7000円
拠出型企業年金
1万1000円
お城…
合計 毎月
23万2000円!!
ちなみに母の場合
基本専業主婦
だったので
国民年金のみ
毎月
5万円程度
小さいおうち
僕も個人事業主なので
基本国民年金のみ
ふう
親の年金額
ちゃんと
知っとかないと
老後のケアの
方針も立てられ
ないわね
うん!
ちゃんと
把握しとこう!
制度改革も
ときどきあるので
要注意!
公務員の共済年金が
厚生年金に統合されました
常に
アンテナ立てて
勉強しておきま
しょう!
はいっ
たのんだわよ

# 4 1 公的年金の仕組みを理解する

公的年金には「国民年金」と「厚生年金」という二つの制度があり、働き方によって加入する制度が異なります。国民年金は、20歳以上60歳未満の全国民が加入する制度で、「基礎年金」とも呼ばれます。毎月1万6260円（2016年度）の国民年金保険料を支払っています。一方、厚生年金は、民間企業に勤める会社員や公務員が加入する制度で、保険料は勤務先と折半です。以前は、公務員は「共済年金」に加入していましたが、15年10月に、厚生年金に一元化されました。親世代は共済年金を受け取っています。

## 日本の年金制度は「3階建て」になっている

自営業者は、国民年金のみの「1階建て」に加入しており、第1号被保険者と呼ばれます。一方、会社員や公務員は、国民年金と厚生年金（共済年金）という「2階建て」に加入しており、第2号被保険者と呼ばれます。さらに企業によっては、3階建てとなる、厚生年金基金などの「企業年金」を設けていることもあります。公務員には、以前は「職域年金」がありましたが、15年10月からは「年金払い退職給付」に変わっています。親世代は「職域年金」を受け取っていることになります。なお、第1号被保険者は、老後に受け取れるのは、国民年金のみのため「国民年金基金」や「付加年金」などの上乗せ制度に加入もできます。

第2号被保険者の配偶者は、第3号被保険者と呼ばれ、自ら保険料を支払うことなく、老後に、国民年金を受け取ることができます。これは、配偶者が加入している厚生年金全体で負担しているからです。

老後に受け取る年金は「老齢年金」と呼ばれ、国民年金からは「老齢基礎年金」、厚生年金からは「老齢厚生年金」が支給されます。老齢年金を受け取るには、25年以上加入する必要があります（17年4月から10年に短縮見込み）。

この基礎知識をもとに、まずは親の現在の年金支給額を確認しましょう。

## 親世代の年金制度の仕組み

子供の世代と親の世代で、年金制度の仕組みは、それほどの違いはありませんが、2015年に共済年金が厚生年金に統合されたことで、現在は「共済年金」は、厚生年金に一元化されています。また、公務員の3階部分あたる「職域年金」も、現在は「年金払い退職給付」に変わっています。

| | | | | |
|---|---|---|---|---|
| 3階 | | **企業年金**<br>（厚生年金基金など） | **職域年金**<br>（職域年金） | 現在は「年金払い退職給付」に変更 |
| 2階 | 国民年金基金<br>確定拠出年金<br>（個人型）<br>付加年金 | **厚生年金** | **共済年金** | 現在は厚生年金に一元化 |
| 1階 | **国民年金（基礎年金）** | | | |

**第1号被保険者**

**自営業者や20歳以上の学生**

1か月あたり1万6260円（2016年度）の国民年金保険料を、自分で納める。加入は原則として60歳まで。

**第2号被保険者**

**企業の会社員**　**公務員**

国民年金、厚生年金、あるいは企業年金ともに、保険料は給料やボーナスから天引きされています。

**第3号被保険者**

**会社員や公務員の配偶者**

国民年金保険料は、配偶者が加入する厚生年金全体で負担しているので、自分で支払う必要はありません。

**受け取る年金額**

国民年金に40年間加入すると、月額約６万5000円（2016年度）。加入期間が１年減るごとに年間で約２万円の減額になります。

厚生年金に40年間加入して、その期間の平均収入（賞与含む）が月42.8万円の場合、受給額は月額約9.1万円の老齢厚生年金と、月額約6.5万円の老齢基礎年金を合計した約15.6万円（2016年度）。3階建ての企業年金があれば、さらに上乗せされます。

月額約６万5000円（2016年度）

## 親の年金は、今後目減りすることを理解する

でも これを見てください
日本人の人口の推移と世代間扶養比率
年度 1960年 2015年 2030年
総人口 9.342万人 12.660万人 11.662万人
11.2人 2.3人 1.8人
うわー高齢者1人を支える人数がどんどん減ってる!!
これではもう世代間扶養の仕組みは成り立たないんです
たっ たしかに…
それに今は現役男性の平均賃金の62.7%が年金世帯に支給されているんですが
これを50%まで下げようというのが狙いなんです!
となると…
年金は確実に減っていきます!
バン
将来的に2割は減りますから!
ガガーン
それ「ねんきんネット」とかで支給額の試算しても反映されませんよ――
年金の仕組み今すぐきちんと理解しておかないと!
ぴゅー

4
2
# 親の年金は、今後目減りすることを理解する

取材協力：社会保険労務士　北村庄吾氏（ブレインコンサルティングオフィス代表）

2015年、公的年金の新制度「マクロ経済スライド」が稼働しました。これまで年金の額は、物価や賃金の伸び率に合わせて調整していましたが、新制度で、伸び率よりも抑える仕組みに変わりました。狙いは「年金削減」です。

公的年金は、現役世代が年金保険料を納め、国から高齢者に年金を支給する仕組みです。14年度で、所得代替率（現役世代の平均月収に対する年金額の割合）は、62・7％。厚生労働省のモデル世帯（夫は40年間会社員で平均月収34・8万円、妻は専業主婦）で、年金額は月21・8万円です。

左ページの「財政検証の結果」は、5年ごとに行う公的年金の定期健康診断のこと。43年度の所得代替率は経済や人口の状況が「中位」とされるケースEの場合で50・6％です。マクロ経済スライドによって調整され、所得代替率は、最終的に50％程度に低下するとされています。

60年代、約11人の現役世代が高齢者1人を支えてきました。しかし今は2・3人。所得代替率は下げざるを得ない状況なのです。とはいえ、財政検証の結果を見ると、43年度の年金額は、月約24万円と上がっています。これは給料が48万円に上昇すると仮定しているからです。そんな未来が訪れると、誰が思うのでしょうか。現実として見るべきは、今のモデル世帯の平均月収で、所得代替率50％になった場合の17・4万円という数字だといえます。現在の年金額と比べると約2割カット。

## 毎年1％ずつ目減りする今後の年金

この所得代替率は、段階的に下がり、毎年1％ずつ、年金は目減りしていくと考えればよいでしょう。

私たちの老後は、厳しさを伴うといえますが、実は、親の年金も、目減りするのです。父の介護施設の家賃は年金額と同額ですが、この目減り分は、一切考慮しませんでした。親の年金額をつかむときには、今後の目減りにも、きちんと目を向けることが大事なのです。

## 平成26年財政検証の結果（経済：ケースE　人口：中位）

平成26年の財政検証では、経済や人口の状況をA～Hまでの８ケースに設定し、マクロ経済スライドによる調整を検証しています。ここでは真ん中のケースEを紹介します。ケースEでは、マクロ経済スライドによる調整は「基礎年金で平成55年度」「厚生年金で平成32年度」で終了し、それ以降「所得代替率50.6%」が維持されるとしています。

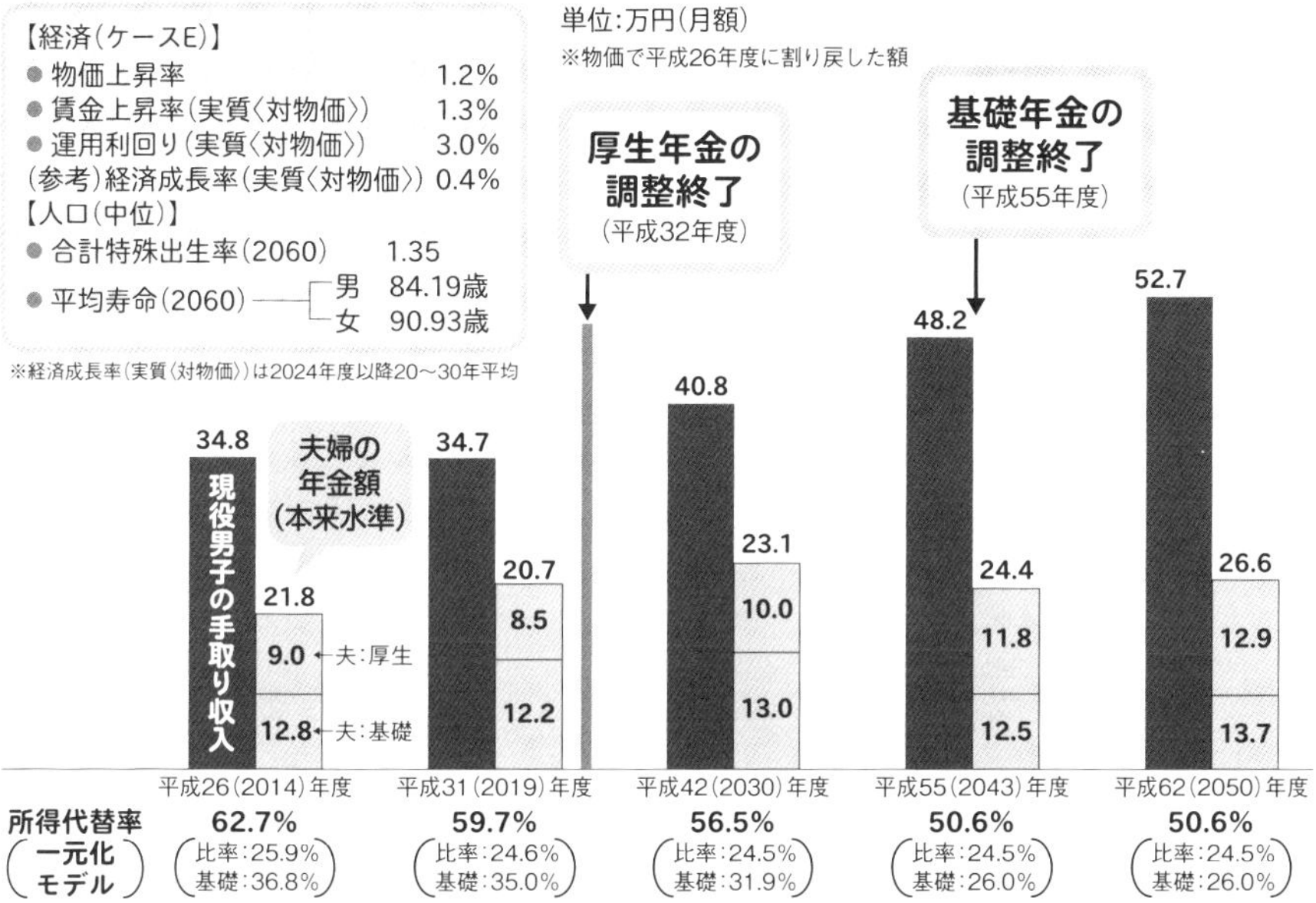

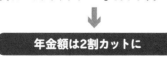

### 所得代替率は50%が見込まれる

財政検証では、所得代替率が50%を下回ると見込まれる場合には、マクロ経済スライドによる給付水準調整を終了する旨が書かれています。50%がデッドラインと考えられます。

### 年金額は2割カットに

財政検証のグラフでは、現在34.8万円の月収が、2043年度に48.2万円になるとされていますが、あまりに非現実的です。そのままの月収が続くと考えたほうが現実的です。その場合、現在、所得代替率62.7%で21.8万円の年金月額ですが、代替率50%になることで、17.4万円と目減りすることになります。

### 毎年１%ずつ年金は目減りする

財政検証のグラフからも分かるように、国は今後、所得代替率を徐々に引き下げていきます。毎年１%ずつ、年金額は目減りするといえます。

父が亡くなった後の母の年金額を把握する
私の場合は父が認知症で介護施設にいて母は死去しています
もしこれが逆だったら…
と ふと考えました
父は23万円の年金を今もらってます
母は5万円でした…
もし父が先に亡くなった場合母の年金額はどうなる!?
5万円だけ!?
いろいろ調べてみると…
カタカタカタカタカタカタ
おお!! 逆の場合は遺族年金がある!!
例えば母が65歳で父を亡くした場合――
夫の老齢厚生年金の3/4が妻に遺族厚生年金として支払われます!!
父の老齢厚生年金7万円なので
母には5万円ほど入ります!

母自身の年金が5万円と遺族厚生年金の5万円で!!

10万円!!

コレだけかと思ったら
経過的寡婦加算というのももらえます!

えっそれ私ももらえるの?

これ…僕らの世代はもうもらえないいんだよ…

しょぼーん…

え〜

ま…とにかく母の経過的寡婦加算は
昭和13(1938)年1月生まれなので
年間34万円
月額にして約3万円もらえます!

つまり全部合わせると月額13万円はもらえるってワケ!

おお!!これぜったい知っておくべき!!

2人で28万円だったのが母だけだと13万円——

そうだったのね
なるほど…

こういうことがわかっていれば父親の生命保険の受けとり額とか決めやすいし終身保険のこともいろいろ考えることができます!

うーん
先に知ってればなあ…

残された母親の遺族年金の情報は必ず子供と親で共有しておきましょう!!

うん!

4

3

# 父が亡くなった後の母の年金額を把握する

取材協力：社会保険労務士　北村庄吾氏（ブレインコンサルティングオフィス代表）

現時点で両親が健在でも、パートナーとの別れは必ずやってきます。では、残された親の年金は、どうなるのでしょうか。公的年金には、遺族に「遺族年金」を支払う制度があります。この内容は、子供の年齢などで変わりますが、ここでは「夫は元会社員で死亡前、年金受給者。妻は40歳以上。18歳年度末まで子なし」ケースで見ていきます。

妻には生涯、「遺族厚生年金」（夫の老齢厚生年金の４分の3）が支払われます。さらに、妻が40歳以上だと、65歳になるまで「中高齢寡婦加算」（年58万５１００円）が加算されます。なお、妻自身が厚生年金に加入していて、60歳から老齢厚生年金をもらえる場合は、老齢厚生年金が優先的に支給されます。

## 夫が元会社員なら、妻には手厚い遺族年金

妻が65歳以上になると、中高齢寡婦加算は終了し「経過的寡婦加算」の支給に切り替わります。１９５６年４月２日以降に生まれると「支給なし」ですが、それ以前の誕生日であれば、最大年約58万円が支給されます。さらに妻自身の老齢基礎年金の受給も始まります。

なお、妻自身に老齢厚生年金が支給される場合は、これを優先的に受給し、夫の遺族厚生年金がそれより高い場合、その差額分を受給します。こうして見ると、夫が死亡しても、妻は手厚い年金を受け取れることがわかります。

問題は、夫が国民年金のみに加入していた場合です。この場合、18歳年度末までの子供がいない妻は、夫が老齢年金を受けずに死亡したときに限り、妻が60～65歳の間、老齢基礎年金の４分の3が受け取れるだけです。なお、妻に先立たれた夫には、遺族年金はほとんど支払われません。

残された親の年金受取額を把握しておけば、いかに不足分を補うかの戦略も親子間で立てることもできます。介護施設の入居費用の目安もわかります。親の遺族年金の額を知ることは、とても大切なのです。

## 夫を亡くした妻が受給できる遺族年金

夫が亡くなると、はたして妻は、どのくらいの年金を受け取れるのでしょうか。ここで紹介するのは、夫が厚生年金に加入してきた元会社員の場合です。妻には遺族厚生年金が支払われるため、国民年金のみに加入してきた自営業者などに比べて、はるかに多い年金を受け取れます。

**夫は元会社員で死亡前、年金受給者。妻は40歳以上。18歳年度末までの子がいない場合**

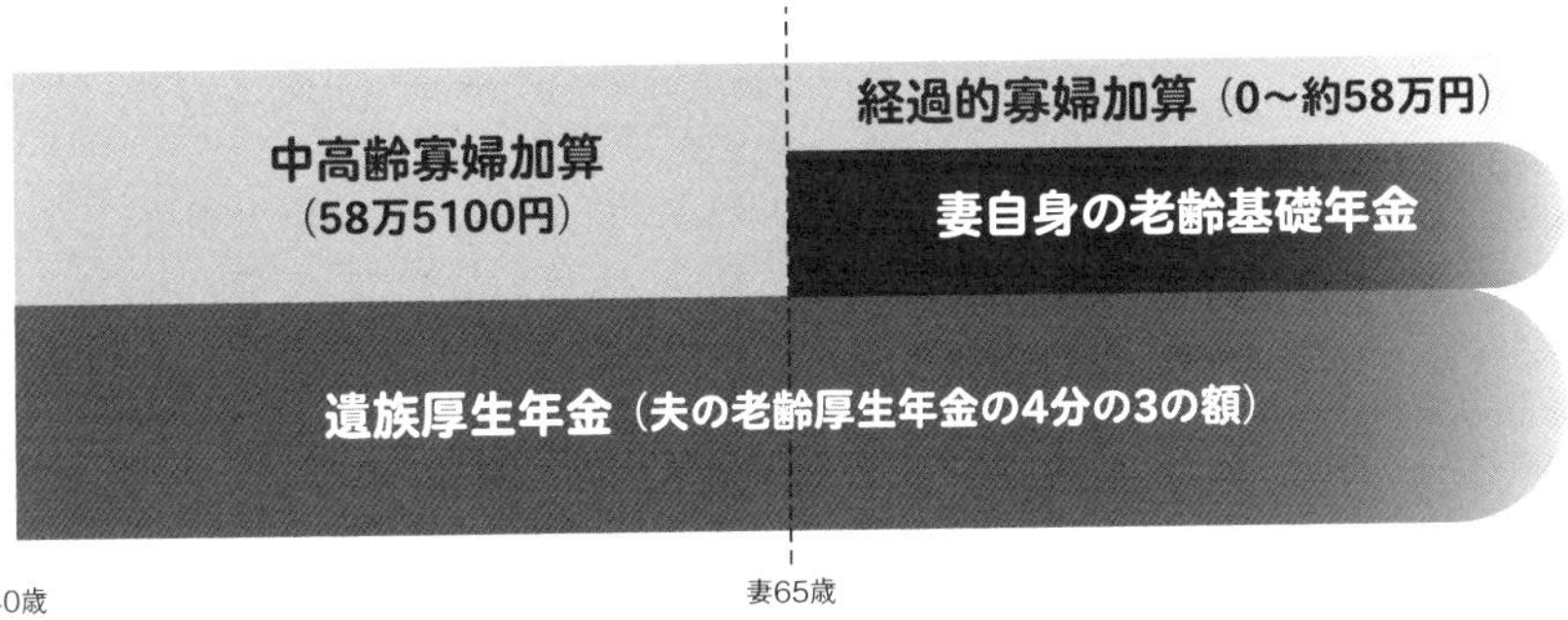


### 夫が亡くなった場合の妻の遺族年金の例

**夫** 1939年２月生まれ。死亡76歳

**妻** 1938年1月生まれ。夫の死亡時77歳

**２人とも健在なとき**

**夫** 国民年金・厚生年金が
月額13万4000円、
厚生年金基金が月額8万7000円、
拠出型企業年金保険は1万1000円
＝**計23万2000円**

**妻** 国民年金が**月額5万円**

↓

**合計　約28万円**

**夫が亡くなると……**

**夫** 死亡

**妻** 遺族厚生年金
（夫の厚生年金月額７万円）
→**月額５万円**
経過的寡婦加算
→**年34万6700円（月額3万円）**
妻自身の老齢基礎年金→**月額月5万円**
＝**計13万円**

↓

**合計　約13万円**

↓

**父の死後、母が受給する年金額を知り、事前に対策を練ろう！**

column

# 年金の「繰上げ受給」と「繰下げ受給」

老齢基礎年金の支給開始は、本来65歳から支給されますが、受け取り開始を早める「繰上げ受給」（60歳～64歳）と、支給を遅らせる「繰下げ受給」（66歳～70歳）の制度があります。このうち、繰上げ受給は、最長で5年早く、年金を受け取ることができますが、1か月早めるごとに、0.5%ずつ減額されます。年金の額が約78万円（2015年の満額）とすると、60歳で受給開始で54万6000円です。

一方、繰下げ受給は、総額率は1か月遅めるごとに0.7%増です。受給開始を70歳にすれば、年金の額は110万7600円と、約42%増えます。

65歳からの通常支給と比べると、60歳からの繰り上げ受給であれば「76歳8か月」よりも長生きすると、トータルの受給額で損することになり、70歳からの繰り下げ受給であれば「81歳10か月」よりも長生きするとトータルの受給額で得することになります。

現在、親が年金の受給開始前であれば、この仕組みをしっかり理解して、親の経済状況を見ながら、利用するかどうかの話し合いをしてみてはいかがでしょうか。

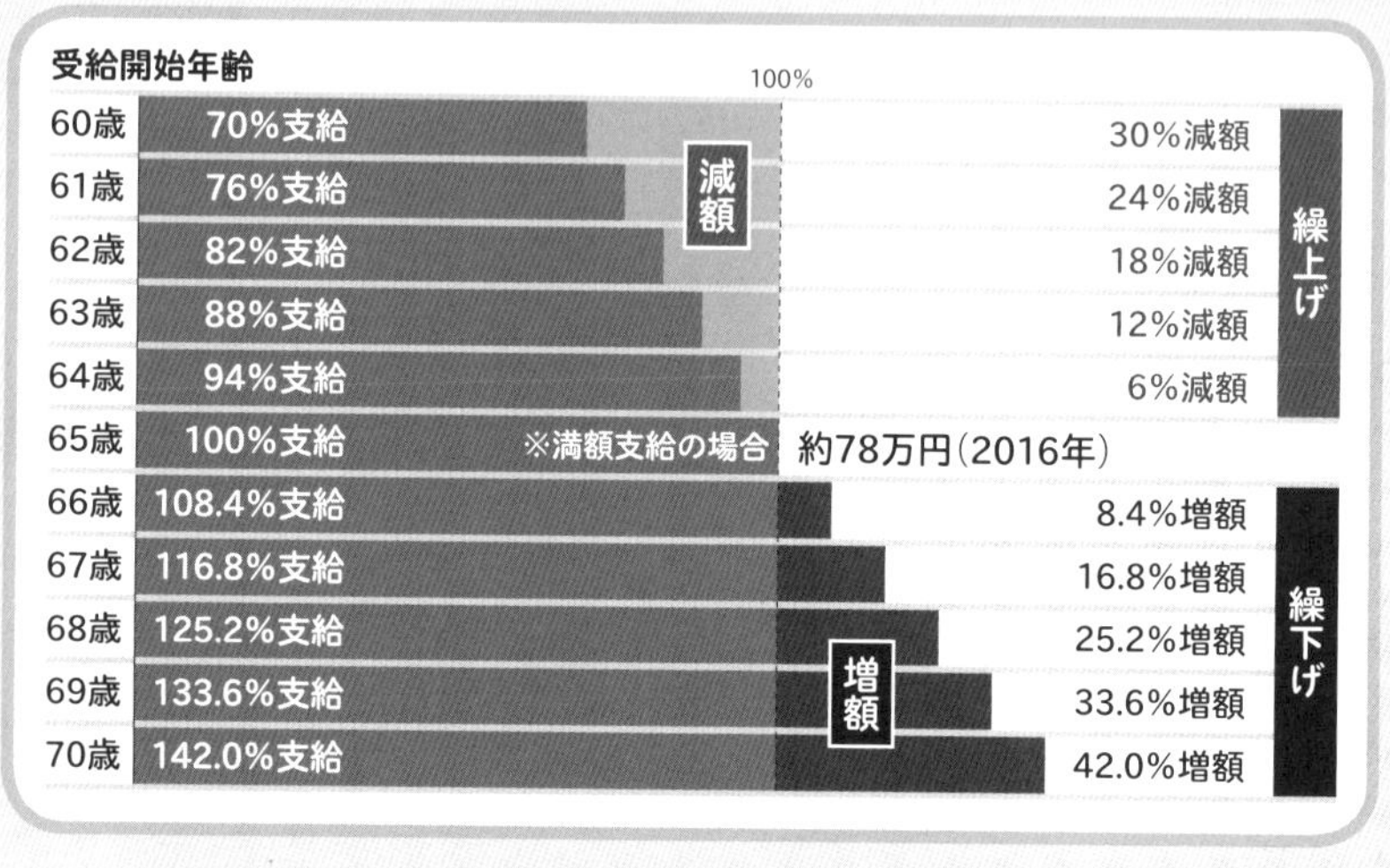

# 5章

## 親の「実家」の財産価値を把握する

親の「実家」の財産価値を把握する
家・土地は高い買い物です
マイホームの購入金額
～1,500万円
1,501～1,500万円
2,001～2,500万円
2,501～ 3,000万円
3,001～ 3,500万円
3,501～ 4,000万円
4,001～ 4,500万円
4,501～ 5,000万円
5,001～ 5,500万円
5,501～ 6,000万円
6,001～ 6,500万円
6,501～ 6,999万円
7,000万円～
2501万～3000万円の価格帯が一番多い
私の親は昭和50年に埼玉県所沢に一軒家を1500万円で購入しましたが
今の価格で2700万円くらい
でも売却すれば利益も大きいでしょ?
だけど税金がすごいんだよね
売却すれば譲渡所得税 相続すれば相続税……
とお悩みのみなさん！ 家の売り方や税金の知識があると
大きな利益をもっと大きく！ 税金額をガッツリ減らせることも
おお!!
人生で一番高い買い物だけに家に対する知識持ってないとダメ!!
勉強しましょう!!
はいっ!!


漫画中の「マイホームの購入金額」は、引越し比較・予約サイト『引越し侍』が公開した、女性向けサイト『ラルーン』の会員（対象：マイホームを保有している既婚女性）へのアンケート調査結果（2014年7月）

親が住んでいる「実家」について、子供が知っておくべきことは多くあります。特に、家の規模や築年数などの基本情報や、家の税金に対する知識、そして家の売り方の知識は、必ず身に付けておくべきです。

人生で一番高い買い物である家は、当然、財産価値も高く、それだけに、家に関わる様々な「税金」の額も、ほかの税金に比べて高めです。

例えば、不動産を売却して利益が出ると、譲渡所得に対して税金（譲渡所得税）がかかります。親の家を相続し、その保有期間が5年超の時点で、1000万円で売却すると、203万円ほどの税金がかかります。しかし、82ページで紹介する3000万円までの特別控除を受けることができれば、税金をゼロにすることができます。また、将来的に子供が親の家を相続する際は、相続する子供が親と同居していれば、「小規模宅地等の特例」という制度が使え、相続税対策に大きな力を発揮します。実は、この制度は、持ち家のない子供が相続する場合でも、利用できます。

このように家の税金に対する知識があれば、むやみに高い税金を払わずに済むようになります。

また、家の情報をつかんでいれば、家を売る段階で、大きな武器になります。例えば、売り物件が出にくいエリアにあるなど、希少性の高い物件であれば、それを強みにして、不動産会社との値段交渉に挑めます。また、家の状態を知っていれば、早い段階で、リフォームし、親が安心して暮らせる環境を整えることもできます。

親の家について、「築年数や間取りくらいしかわからない」という人も多いはずです。本章で、親の家について、知っておくべき重要ポイントを徹底紹介します。

## 実家にかかる税金を全把握する

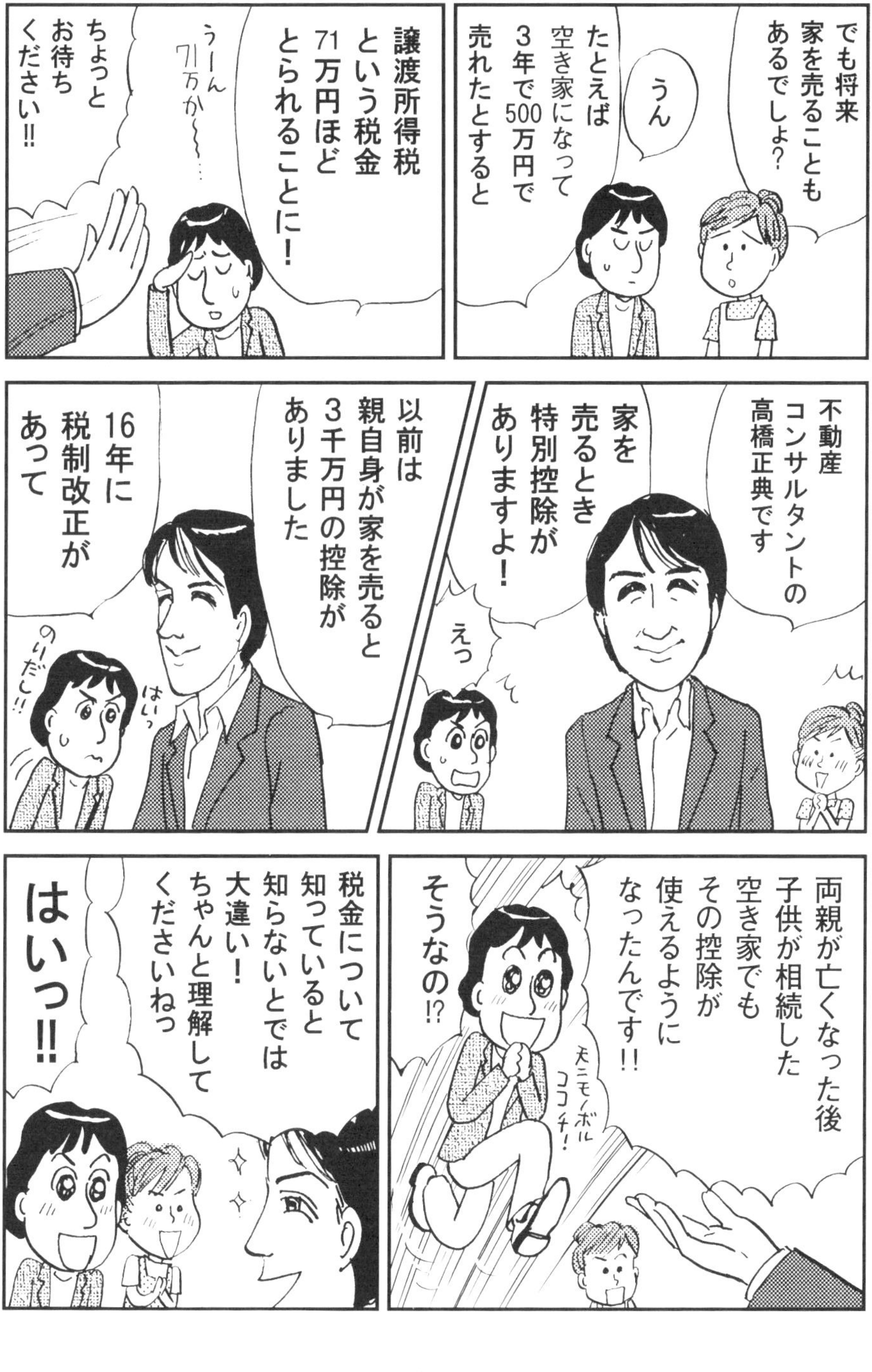
でも将来家を売ることもあるでしょ?
うん
たとえば空き家になって3年で500万円で売れたとすると
譲渡所得税という税金71万円ほどとられることに!
うーん71万か〜〜…
ちょっとお待ちください!!
不動産コンサルタントの高橋正典です
家を売るとき特別控除がありますよ!
えっ
以前は親自身が家を売ると3千万円の控除がありました
16年に税制改正があって
はいっ
のりだし!!
両親が亡くなった後子供が相続した空き家でもその控除が使えるようになったんです!!
そうなの!?
天ニモノボルココチ!
税金について知っていると知らないとでは大違い!ちゃんと理解してくださいねっ
はいっ!!

1-5

# 実家にかかる税金を全把握する

取材協力：不動産コンサルタント　高橋正典氏

家（土地・建物）は、財産価値が高いため、売却や維持といった場面で、高い税金がかかってきます。しかし、これらの税金には、様々な〝特例〟が設けられており、その対象になると、税金を安く抑えることができます。親の財産を目減りさせないためには、親の家に関する税金について、こうした特例の内容も含めて、しっかり理解することが大事です。

## 家を売却すると発生する譲渡所得税

土地や建物を売却し利益（譲渡所得）が出ると、その利益に対して「譲渡所得税」がかかります。左ページのように計算します。

譲渡所得税の税率は「家の所有期間」が「5年以下」「5年超」「10年超（居住用限定の特例）」で変わってきます。例えば、課税譲渡所得が５００万円だとすると、家の所有期間が5年以下で約１９８万円、5年超で約１０１万円、10年超で約71万円です。

この税金をゼロにする方法があります。まず「親自身が売却すること」です。親が自分で家を売って譲渡所得が発生した場合、その額が３０００万円までなら課税されない特別控除を受けることができるのです。

なお、家はすぐに売れる性質のものではないため「住まなくなった日から3年目の年末までに売ること」という猶予期間もあります。つまり、引っ越して、空き家状態になっても、3年以内に売れば、この特別控除が受けられることになります。

さらに、16年度税制改正大綱で、子供が相続した空き家でも、いくつかの要件をクリアすれば、この特別控除を受けることができるようになりました。

その要件とは「81年5月31日以前に建築された家屋」「売却の際、家屋を除却して土地を売却する、または必要な耐震改修をすること」などです。この特別控除を受けるには

## 譲渡所得税の計算方法

家や土地を売り、利益が出ると、譲渡所得に対して税金がかかります。その計算式と3000万円の特別控除の受け方を見ていきます。

STEP 1 **譲渡価格－(取得費＋譲渡費用)＝課税譲渡所得金額**

「取得費」は、購入価格と購入にかかった諸経費のこと。税務署に聞いたところ「契約書などで確認してください」ということでした。わからない場合は売却価格の５％になるので、取得費は必ず把握しましょう。「譲渡費用」は、売却にかかった諸経費のこと。

STEP 2 **課税譲渡所得金額×税率＝譲渡所得税額**

税率は、所有する不動産の保有期間によって変わってきます。保有期間が長いほうが、税率は低くなり、譲渡所得税額は安くなります。

**例えば！**
**課税譲渡所得金額**
**500万円だと……**

保有期間5年以下……約198万円
保有期間5年超………約101万円
保有期間10年超………約71万円

**譲渡所得税の税率**　長期譲渡所得(10年)は居住用限定の特例です。

| | 所得税 | 住民税 | 合計 | | 復興特別所得税 |
|---|---|---|---|---|---|
| 長期譲渡所得(10年超) | 10% | 4% | 14% | ＋ | 所得税額の2.1% |
| 長期譲渡所得(5年超) | 15% | 5% | 20% | ＋ | 所得税額の2.1% |
| 長期譲渡所得(5年以下) | 30% | 9% | 39% | ＋ | 所得税額の2.1% |

※長期・短期譲渡所得の年数は、譲渡した年の１月１日において所有期間

## 譲渡所得税をゼロにする！ 3000万円の特別控除の受け方

譲渡所得金額が3000万円までなら課税されない特例があります。親の家を売却する場合は、以前は、親本人が売ることが、この特例を受ける条件でしたが、税制改正で、子供が相続した空き家でもOKになりました。

**譲渡価格－(取得費＋譲渡費用)－特別控除3000万円＝課税譲渡所得金額**

| | |
|---|---|
| **この特例を受けるための条件** | ・所有者として居住している<br>・家屋に居住しなくなってから３年目の年末までに本人が売却 |

### 16年度税制改正大綱で、子供が相続した空き家でも特例が受けられるように！

下の条件をすべてクリアする必要がある。

・相続開始の直前まで被相続人の自宅であり、被相続人は一人暮らしであったこと(相続発生により空家になった)
・昭和56年5月31日以前に建築(旧耐震基準の状態)。
・区分所有建築物でないこと(マンションなどは対象外)。
・自宅を相続した相続人が、家屋を除却して土地を売却する、又は必要な耐震改修をして家屋又は家屋とその敷地の土地を売却すること
・平成28年4月1日から平成31年12月31日の間に売却
・相続時から3年を経過する日の属する年の12月31日までの売却であること
・売却額が1億円を超えないこと。
・相続時から売却までの間に、事業・貸付・居住の用に供されていないこと
・役所等から要件を満たす証明書などの書類を入手し、確定申告書に添付して申告

かなり厳しい条件をクリアする必要がありますが、かなりの節税対策になるため、有効に活用したいものです。ただし、この特別控除は、16年4月1日から19年12月31日の間に売却したものに限って適用されることになっています。延長される可能性もあるので、適宜確認する必要があります。

## 土地の固定資産税にも軽減措置がある

一方、家を維持していると、毎年、固定資産税や都市計画税がかかります。高いイメージのあるこれらの税金ですが、実は、建物が建っている土地は、２００㎡までは固定資産税が6分の1、都市計画税が3分の1になる軽減措置がとられています。

しかし、建物を壊して「更地」にすると、この軽減措置がなくなります。日本で、崩壊寸前の空き家がそのまま放置されていることが多いのは、これが原因の一つなのです。この状況を改善するため、国は「空家等対策の推進に関する特別措置法」を制定し、15年5月、全面施行を開始しました。この法律により、倒壊の危険や衛生上有害な空き家は「特定空家」と認定され、前述の軽減措置の対象外となるので要注意です（92ページでも空き家については触れます）。

建物がある場合と更地の場合の、土地の固定資産税と都市計画税の計算式は、左ページのとおりです。都市計画税は、自治体によって税率が低くなっていたり、課税されない地域もあります。なお、建物については、軽減措置はありません。

例えば、私の親の家は、現在、建物があるため、軽減措置の対象になっています。土地の評価額は６２０万円（13年）で、土地の固定資産税は約1万４０００円、都市計画税は約６２００円です。建物の評価額は67万円で、二つの税金あわせて約1万１０００円になります。合計約3万１２００円です。

## 更地だと、固定資産税は大幅アップ

では、更地だとどうなるのでしょうか。土地の固定資産税は約6万円、都市計画税は約1万３０００円です。合計で7万３０００円です。

つまり、親が亡くなり、もし家を更地にしたまま手元に残しておくと、10年間で、70万円を超える税金を支払う必要が出てくるわけです。軽い気持ちで更地にすると、多額の税金がかかるので要注意です。

## 更地にすると、税金の軽減措置がなくなる

建物の建っている土地(200㎡まで)は、固定資産税が6分の1、都市計画税が3分の1になる軽減措置があります。しかし、更地にすると、税金はグンと上がってしまします。土地の固定資産税と都市計画税の計算方法を見ていきましょう。

### 建物のある土地のケース

軽減措置がある!

#### 土地の固定資産税

**土地の固定資産税評価額×軽減措置6分の1×1.4%=土地の固定資産税**

例　評価額620万円の場合

**620万円×6分の1×1.4%=約1万4000円**

建物がある場合、固定資産税の軽減措置は、土地が200㎡までで6分の1、200㎡を超える部分は3分の1。税率は1.4%。

#### 土地の都市計画税

**土地の固定資産税評価額×軽減措置3分の1×0.3%=土地の都市計画税**

例　評価額620万円の場合

**620万円×3分の1×0.3%=約6200円**

建物がある場合、都市計画税の軽減措置は、土地が200㎡までで3分の1、それ以上の部分は3分の2。税率は0.3%(地域によっては税率が低くなったり、課税されないケースも)。

### 更地の土地のケース

更地にすると!税金がグンと上がる!

#### 土地の固定資産税

**土地の固定資産税評価額×70%×1.4%=土地の固定資産税**

例　評価額620万円の場合

**620万円×70%×1.4%=約6万円**

建物がなく更地の場合、軽減措置はなくなります。更地の土地は、評価額の70%を限度に課税されます。

#### 土地の都市計画税

**土地の固定資産税評価額×70%×0.3%=土地の都市計画税**

例　評価額620万円の場合

**620万円×70%×0.3%=約1万3000円**

建物がなく更地の場合、軽減措置はなくなります。更地の土地は、評価額の70%を限度に課税されます。

親の家の相続税の評価額を把握する
固定資産(土地)評価証明書によるとうちの土地の評価額は620万円でした
家を売ったらそのくらいいか…
でも不動産屋のサイトから同じエリアを検索すると
カチャカチャ
あれ価格が違う！なんで！
そもそも評価額は実際の売買額とは一致しないんです！
私行政書士の豊島史久です
えっそうなんですか!?
まず地域ごとに専門家がいくつかのサンプルを調べて公示価格を決めてます
これを鑑定評価といいます
ふむふむ…
固定資産税評価額は公示価格の7割程度に設定されますね
そうですか…
となるとうちの固定資産税評価額は434万円…
同じ評価額でもぜんぜん違うんだなあ…
不動産を売る際は公示価格を参考にすればいいのかな

土地の売り買いは
需給バランスや
景気を反映した
市場流通価格
なので
もっと高くなる
可能性もありますよ
では
相続税の
評価額をつかむには
公示価格
固定資産税評価額
それとも実勢価格
どれをチェック
するんですか!?
それはまた
違う算出法が
あるんです
げっ
めんどくさっ
相続時は
路線価方式
あるいは
倍率方式という
方法で評価額を
割り出します
二方路線
影響加算額
あれこれ
いろいろ
A×[1−B/C]
D×[1+E/F]
ひ〜〜
むずかしい〜
a
b
c
d
評価対象地
側方路線
とにかく
フクザツ
路線価は
固定資産税評価額より
安くなる
可能性も
あるんです
し…
知らなかった〜
うちの相続税の
評価額は
いくらなんだろう
では 次ページから
確かめていきましょう!

# ２ ５ 親の家の相続税の評価額を把握する

取材協力：行政書士　豊島史久氏

親が亡くなると、その親が所有していた財産は、配偶者や子供などが相続することになります。この財産の移転に伴い、発生する可能性があるのが、相続税です。相続税がかかるかどうかは、預貯金や土地・建物といった親の全財産（詳しくは評価額に計算し直します）を把握すればわかります（相続税の詳細は6章で紹介）。この相続財産の中で比重が高いのが、土地や建物の評価額です。この評価額は、固定資産税の評価額とは異なります。相続税対策は、これらの評価額を知ることがはじめの一歩になります。

評価額を知るために、まず確認すべき点が「固定資産税評価額」と「面積」です。税務署から郵送される固定資産税の納税通知書で確認できます。役場（主に固定資産税課）で、固定資産税評価額を証明した「固定資産評価証明書」を入手する方法もあります。私の親の土地は、２０１３年で、固定資産税評価額が約６２０万円、面積は約80㎡で、建物固定資産税評価額は約67万円です。

## 土地の評価額は、路線価方式か倍率方式

それでは、土地の評価額の調べ方から見ていきましょう。土地の評価方法は「路線価方式」と「倍率方式」の2つがあり、住所によってどちらの方式で評価するかが決まります。国税庁ＨＰの「路線価図」にアクセスし、親の住所の都道府県をクリックし、最新の路線価図から調べます。「99Ｄ」「１００Ｄ」などと書かれていたら、路線価方式になります。私の親の土地は「埼玉県所沢市松郷」にあり、その付近に「97Ｄ」と書かれているため、「路線価方式」になります。路線価方式でなければ、倍率方式になります。

路線価方式の計算式は「路線価×面積（㎡）」です。「97Ｄ」の「97」は、千円単位で、1㎡あたり9万７０００円ということです。なお「Ｄ」は、土地を借りていた場合の借地権割合のことで、Ｄは60％ということになります（左ページ参照）。土地を借りていても、相続財産となるわけです。

## 路線価方式による土地の評価額の出し方

路線価方式は毎年見直しされているため、実際の相続時は、親が亡くなった年の路線価を参考にします。おおまかな目安は、今現在の路線価を参考にすればよいでしょう。

**路線価×宅地の面積（㎡）＝土地の評価額**

ケーススタディでチェック

**面積：約80㎡**
**固定資産税評価額：約620万円**

**路線価図**　国税庁HPの「路線価図」から住所を探し当てます。

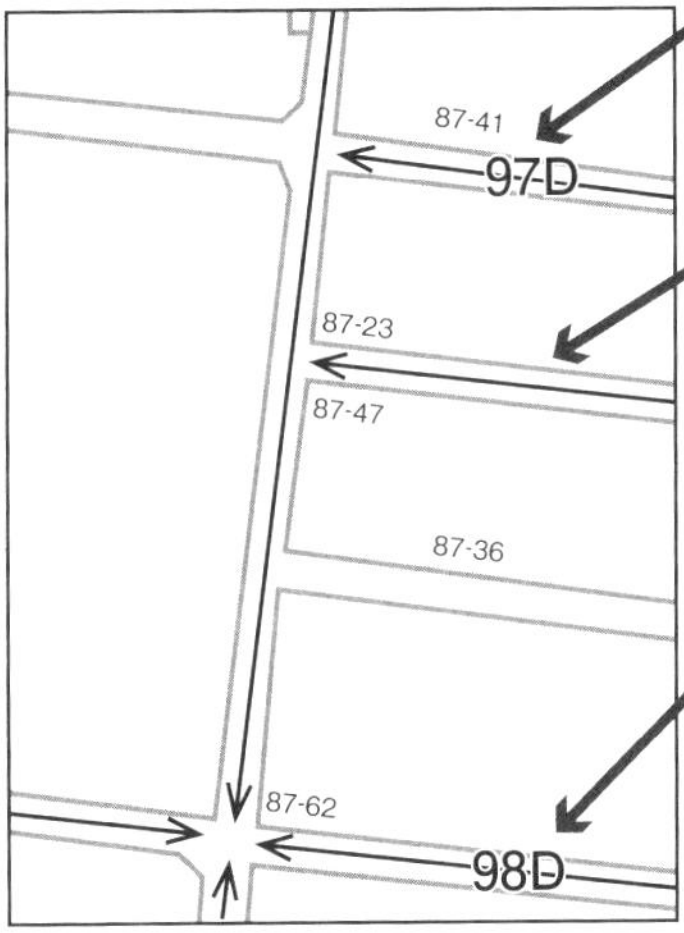


この数字が路線価。1㎡あたりの値段。千円単位で表示

私道などの場合、路線価が載ってないことも。おおまかな評価額を調べる場合は、近くの路線価を参考にする。

このアルファベットは、借地権割合。土地を有償で借り、自宅を建て登記している場合、「路線価×土地の面積×借地権割合」で評価額を算出

**借地権割合**

| 記号 | 借地権割合 |
|---|---|
| A | 90% |
| B | 80% |
| C | 70% |
| D | 60% |
| E | 50% |
| F | 40% |
| G | 30% |

**路線価×宅地の面積（㎡）＝土地の評価額**
**9万7000円×80㎡＝776万円**

COLUMN

**奥行のある土地は評価額が下がる**

正面のみ道路に接していて、奥行きがある土地は補正され、評価額が低くなります。道路から離れるにつれ、価値が下がると考えられるからです。補正率は細かく設定されており、28m以上28m未満で0.99などとなっています。

固定資産税評価額より高めになることが多い！

私の親の土地は「9万7000円×80㎡」で、評価額は776万円となります。

なお、ここで算出した評価額は、大まかな額です。相続税が発生するとなれば、もっと正確に計算し、評価額を低く抑える必要があります。「私道」「土地の形（奥行）」などの場合、評価額を低く補正できます。一方、「角地」「2つの道路に挟まれている」などの場合は、評価額は高くなります。ここでは「私道」について紹介します。

路線価方式でも、道路が私道の場合、住所上に路線価が載っていないケースもあります。私の親の住所も、私道に面した家のため表示されていません。この場合は、本当の相続時であれば、税務署に「特定路線価の設定の申出」を行うなどして補正率を算出します。なお、近くの路線価に95％程度の補正率をかけると、大まかな目安になります。

一方、土地が「倍率方式」の場合の計算式は「固定資産税評価額×倍率」となります、国税庁HPの「路線価図」には、それぞれの地域の「倍率表」も載っているので、そこから倍率を割り出します。

## 節税対策に有利な小規模宅地等の特例

土地の相続税の評価額を割り出したら、続いて330㎡までは評価額が80％減額される「小規模宅地等の特例」が利用できるかの確認をします。

この特例が受けられるのは、基本的に「同居していた人（配偶者、子供など）」が相続するケースです。しかし、別居でも「相続開始前の3年間に本人または配偶者が所有する不動産に住んでなかった親族」――つまり、持ち家のない子供であれば適用されます。もし、賃貸物件に住んでいて、マイホームを買う計画のある場合は、相続を待つのも、1つの方法かもしれません。「でも、それだと住まないといけないのでは？」と思うかもしれませんが、小規模宅地等の特例は、実家に移り住むことは条件とされていません。「相続税の納付期限（相続の発生から10か月）まで実家を保有すること」が条件です。それ以降は売却しても構わないわけです。

なお以前は、親が家に住まずに、介護施設などに入居していた場合は、この特例は認められませんでしたが、現在は制度改正で特例の対象になりました。

最後に建物の評価額を割り出します。計算式は「固定資産評価額×1・0」です。私の親の場合は、固定資産評価額が約67万円ですので、この額が評価額になります。

## 倍率方式による土地の評価額の出し方

倍率方式の計算方法は「固定資産税評価額」と「倍率」がわかれば、簡単に算出できます。まずは路線価図から住所を探し出しましょう。そこに「倍率地域」と書いてあれば、倍率方式になります。

**固定資産税評価額×倍率＝土地の評価額**

**評価倍率表**

「1.0」「1.1」などが倍率になります

| | 借地権割合 | 宅地倍率 |
|---|---|---|
| 松郷 市街化区域 | − | 路線 |
| 市街化調整区域 | 60 | 1.0 |
| 1 農業振興地域内の農用地区域 | | |
| 2 上記以外の地域 | | |
| (1)国道463号線沿 | 50 | 1.1 |
| (2)県道所沢堀兼狭山線沿 | 50 | 1.1 |
| (3)上記以外の地域 | 50 | 1.1 |

**路線価図**

地図上に「倍率地域」と書かれている場合は、倍率方式で評価額を出します。
なお、広範囲にわたって倍率方式の地域は路線価図が存在しません。その場合も倍率方式になります。

国税庁ＨＰの「路線価図」には「評価倍率表（一般の土地等用）」というページがあります。
住所を探し出し、倍率を確認します。

**固定資産税評価額×倍率＝土地の評価額**
**例）　620万円×1.0＝620万円**

## 小規模宅地等の特例

この特例は、土地が330㎡までは評価額が80％減額されるため、節税対策には欠かせないといえます。基本的に「同居していた人（配偶者、子供など）」が相続するケースに適用されますが、別居でも、相続開始前の３年間に本人または配偶者が所有する不動産に住んでなかった親族でもＯＫです。

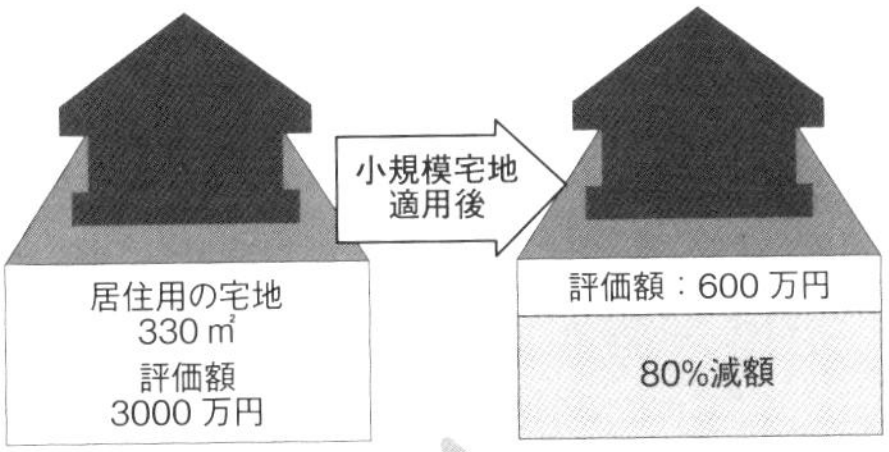

この特例を受ける条件
・配偶者である
・同居の子供などの親族が相続し、申告期限まで住む
・相続開始前３年以内に本人やその配偶者の持ち家に住んだことのない親族

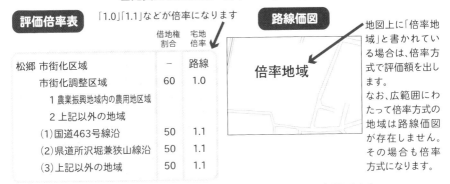

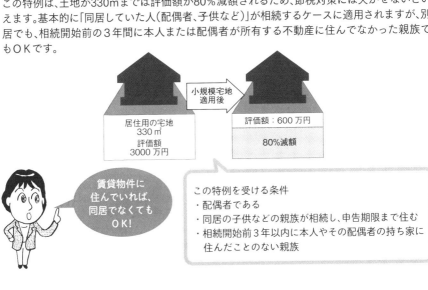

空き家のリスクをしっかり理解する
最近空き家が目につきませんか？
うわ！窓ガラス割れてる
あぶないわねえ…
いたるところに人の住んでいる気配のない家があります
空き家っていったいどれくらいあるんだろ
と調べてみました
2013年の住宅総数と空き家の数です！
総住宅数
6063万戸
住宅総数は5年前から304万戸増
空き家
820万戸
空き家は5年前より62.8万戸増
総務省調べ
空き家率は13.5％！
820万戸の空き家のうち約半数の400万近い持ち家が空き家なのです！
空き家820万戸
持ち家
賃貸
住宅増加分
62.8万戸
一戸建
そして5年間で増えた62.8万戸の空き家のなんと8割が一戸建です！

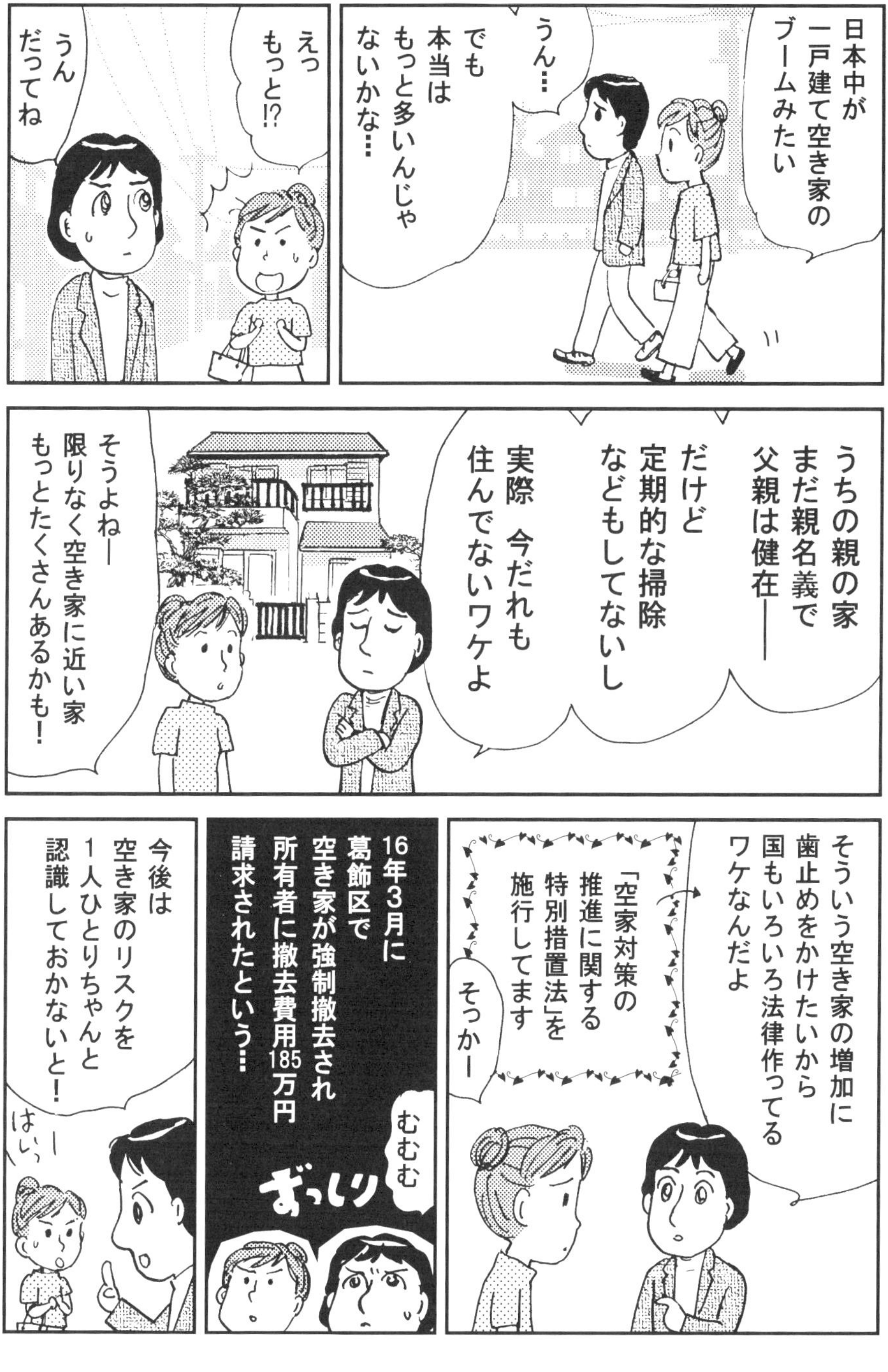
日本中が一戸建て空き家のブームみたい
うん…
でも本当はもっと多いんじゃないかな…
えっ もっと!?
うん だってね
うちの親の家まだ親名義で父親は健在――
だけど定期的な掃除などもしてないし
実際 今だれも住んでないワケよ
そうよね― 限りなく空き家に近い家もっとたくさんあるかも!
そういう空き家の増加に歯止めをかけたいから国もいろいろ法律作ってるワケなんだよ
「空家対策の推進に関する特別措置法」を施行してます
そっかー
16年3月に葛飾区で空き家が強制撤去され所有者に撤去費用185万円請求されたという…
むむむ
ずっしり
今後は空き家のリスクを1人ひとりちゃんと認識しておかないと!
はいっ!

# 3-5 空き家のリスクをしっかり理解する

親の実家が「空き家」になって、実感したのは「空き家は老朽化が速い」ということでした。２０１４年1月から空き家になり、今現在、家の床は相当たるんでいます。雑草も増えるばかりです。当初は頻繁に実家に行き、空気の入れ替えをしていましたが、車で片道2時間のため、そのペースは開きがちです。空き家になると、想像以上に家の老朽化が進むことは理解しておくべきです。

我が家が空き家を維持しているのは、介護施設にいる認知症の父を思ってのことです。更地にすると、固定資産税などの軽減措置がなくなる点も理由の一つです。この点については、15年5月に施行された「空家等対策の推進に関する特別措置法」により、倒壊の危険のある場合などは「特定空家」とみなされ、軽減措置の対象外になる可能性があります。現時点では、誰の目にも明らかな「廃屋」でない限り「特定空家」にはあたりませんが、十分留意すべき点だといえます。

## 空き家は維持費用がかなりかかる

また空き家は、想像以上に維持費用がかかります。税金面のほか、光熱費、火災保険料、草刈り代などがかかってきます。負担を抑えるために、不要なものは全部解約すべきです。我が家は有料テレビやガスの契約をやめました。

最後に「空き家」の定義について、触れておきます。80ページで触れた、譲渡所得税の３０００万円特別控除は、基本的には「親が居住しなくなって、3年目の年末までに売却する」という要件があります。では、親が介護施設に入って、実質的な空き家の場合は、その瞬間からカウントが始まってしまうのでしょうか。所沢市役所に聞くと「家をしっかり管理していれば、空き家とは捉えない」という回答でした。親の家が空き家になることは、どの家族にも起こり得ることです。空き家のリスクを把握したうえで、管理するようにしたいものです。

## 「空き家等対策の推進に関する特別措置法」が定める「特定空家等」の定義

日本において、空き家は大きな社会問題になっています。そこで国は、空き家を減らす目的で、2015年5月に、この法律を全面施行しました。「特定空家等」に認定されたケースは、まだ数件ですが、今後は増える可能性もあります。

①倒壊等著しく保安上危険となるおそれのある状態
②著しく衛生上有害となるおそれのある状態
③適切な管理が行われないことにより 著しく景観を損なっている状態
④その他周辺の生活環境の保全を図るために 放置することが不適切である状態

いずれかに当てはまると……

↓

放置されたままの空き家は、上の4つの要件のいずれかに当てはまると「特定空家等」に認定される可能性があります。そうなると自治体の条例で指導や勧告、命令が入ります。それでも従わないと、以下のような措置を受けることになります。

| | |
|---|---|
| 行政代執行による解体 | 「勝手に解体してくれるんだから、いいのでは」と思うかもしれませんが、解体費用は所有者に請求されます。 |
| 税金の軽減がなくなる | 固定資産税や都市計画税の軽減措置がなくなります。更地のように、高い税金を支払うことになります。 |

**今後、空き家は厳しく取り締まられる可能性も！**

### 実家が空き家になったらすべきこと

空き家は、そのまま放置するのは絶対に避けてください。「近隣住民に迷惑をかけない」ことを第一に考えながら、責任を持って管理する必要があります。

| | |
|---|---|
| 定期的に空気を入れ替える | 新鮮な空気が入ると、家は元気になります。最近では、空気の入れ替えを行う業者もあります。うまく活用していきましょう。 |
| 火災保険に加入する | 両親が実家に住んでいるときは、基本的に火災保険に加入しているので、そのまま継続し続けます。ただし最近は、安い火災保険もあるので、見直すのも一つの方法です(60ページ参照)。 |
| 雑草刈りを行う | 雑草は、想像以上に増えていきます。定期的に雑草駆除を行う必要があります。専門業者もあるので、利用するのもよいでしょう。 |
| 不要な契約は解約する | 我が家は、ガスや有料テレビなどは解約しました。電話番号は、色々な場面で必要になるので、そのままにしています。 |
| 近所の挨拶は欠かさない | 空き家を管理する上で、一番気を付けたいのが、近隣からの苦情です。実家に帰ったら、ちゃんと挨拶をすることはとても大切です。 |
| 家の中の整理を行う | 家の中の不要物は、全部捨てます。そうしないと、洋服にカビがはえたり、食品から虫がわくなどの事態になります。 |

# 親の家を少しずつ片付ける

そう！結局子供が手伝わないといけないんだけど
離れて住んでると片付けにいけなくて
ウチもです！
うんうん
しかし母が他界し父が施設に入り空き家になってからようやく片付けを始めましたが…
平日昼間来れる姉が主導してくれたんだけど…
きりりっ
捨てるものだけで特大ゴミ袋200以上‼
数か月かかりました！
いや～ホントに大変だった！
どさ　どさどさどさ
片付けは親が亡くなってから一気に…となるとあまりの膨大さに気力も失せます
エコにも反する
えーい これ全部可燃ゴミ！
あっ それはリサイクル
ついい業者にたのみたくなったり… コレけっこうお金かかるし
たいへーん
だよねー
みなさん！親が元気なうちに一緒に片付けましょう！
一緒にやればリフォームする箇所が見えてくるなどメリット大ですよ！
ぜひ！

5

# 4 親の家を少しずつ片付ける

親の家が空き家になったら、室内の片付けは必須ですが、これは、親が元気な段階で、一緒に少しずつ進めるべきです。我が家は、母が他界し、父が介護施設に入った段階で始めましたが大変でした。ゴミは、特大ゴミ袋で200以上になりました。平日に動ける姉の主導で進めましたが、それでも数か月かかりました。もし、親が元気なうちに進めていれば、その労力は相当軽減できたはずです。

親と一緒に片付けをすべき理由は、労力の軽減のためだけではありません。親の健康のためにも大切です。私の親の家はゴミ屋敷化しており、その現実を目の当たりにしたとき「こんな環境で、暮らしていたのか」と思ったものです。そのことが親の健康にプラスに働くはずがありません。

もう1つの理由は費用面です。知人男性は、両親が亡くなり、実家の片付けを業者に頼みましたが、35万円かかったといいます。知人女性は、叔母が介護施設に入るにあたり、その資金を得るために、急きょ家を売ることになりました。家の整理にかける時間がなく、不動産業者に家を壊す費用も含めて1000万円支払ったといいます。

## 家の整理で住環境の改善点が見える

一緒に片付けをすれば、住環境の改善点も見えてきます。私は、家の整理を手伝ったとき「カーテンレールが壊れている」など、リフォームすべき点が次々と見えてきました。親は、こうしたリフォームを「もったいないから」と実行しないものです。それだけに子供が先頭に立って行うべきなのです。また「階段に手すりをつけるべき」などのバリアフリー化すべき点も明らかになります。

なお、家の整理は親の価値観を大切にすることが肝心です。母の生前、私はあるモノを処分しようとしたとき「これは大事なもの」と怒られたことがあります。親に、なぜ家の片付けが大切であるかを説明したうえで、親の価値観を尊重しながら、少しずつ進めていきましょう。

## 親と一緒に片付けるメリット

親が元気なうちに、子供と一緒に実家を片付けることによるメリットは数多くあります。ここで確認していきましょう。

| | |
|---|---|
| 労力を軽減できる | 親が不在になった段階で、片付けを始めると、あまりに量が多いため、多大な労力と時間がかかります。 |
| 費用面が抑えられる | 片付けるモノが多いと、業者に頼むケースも増えます。<br>値段は千差万別ですが、それなりの出費は覚悟する必要があります。 |
| 住環境の改善が図れる | 一緒に片づけると、「カーテンレールが壊れている」など、<br>細かい住環境の改善点が見えてきます。 |
| バリアフリー化すべき点が見えてくる | 「階段の手すりの設置」など、バリアフリーすべき点も見えてきます。 |

**バリアフリー化のポイント**

### 移動のしやすさを考える

| | |
|---|---|
| 床の段差をなくす | つまずきの原因になる床の段差はなるべくなくします。 |
| 通路巾を確保する | 従来の日本の住宅の廊下巾は79cm。自走式車椅子を使う場合は通路幅が80cm以上必要となり、直角に曲がるためには90cm以上必要になります。 |
| 手すりを設置する | 下地の補強とともに、用途に適した形状や材質のものを選び、<br>体に合った高さに設置します。 |
| 仕上げ材を選ぶ | 転倒を防止するため、滑りにくいものを選びます。<br>車椅子の使用には傷が付きにくく、丈夫なものが必要です。 |
| 階段の使用 | ２階３階のある家では、緩やかな階段とし手すりを設けます。<br>足元灯を設置するのも良い方法です。 |

### 生活のしやすさを考える

| | |
|---|---|
| 広さ | 高齢者の動作から、椅子や車椅子の使用と介助スペースも考えた広さを確保します。 |
| 建具 | 引戸の方が開閉動作を楽にできます。開き戸にする場合は、中で人が倒れても外から開けられる外開きにします。 |

### 使いやすい器具を選ぶ

| | |
|---|---|
| ドアハンドル、水栓金具 | 握力がなくても操作しやすいレバーハンドルを選びます。混合水栓は温度調節のできるサーモスタット付にします。 |
| スイッチ、コンセント | 明かり付きやワイドスイッチなど、見やすく使いやすいものを選びます。人感センサースイッチも便利です。 |

### 機能性と安全性を確保する

| | |
|---|---|
| 暖房器具 | 高齢者は体温調節機能が衰えるため、暖房や冷房器具を適切に設置します。 |
| 照明器具 | 高齢になると、ものが見えにくくなると同時に光をまぶしく感じるようになります。<br>十分な明るさと照明の光が直接目に入らない工夫をします。 |

『一般財団法人住まいづくりナビセンターホームページ』より転載
http://sumanavi.info/

親の家を売却する
ぼー…
どーしたの？姉さん
見てよこれ！この近所の中古一戸建てが570万円よ
うわ やっすいよなぁ うちと同じ規模なのに
うちだと固定資産税評価額は土地620万円建物67万円だよ
それに実勢価格はだいたい2割り増しのはずなのに
うちは820万円以上はするはずだよ
この不動産情報の物件は違法建築ですよ！
備考を見てください！
おお高橋さん！
備考？
不動産コンサルタント
高橋正典
備考
本物件は建ぺい率容積率がオーバーしています
がーん
違法建築!!
昔は多かったんですよ違法物件
それで安くなるんです
しかもこれ見てください
1か月前の同じ物件のチラシです
ガササ

ゲェッ!!
1か月前は680万円!?
110万円も高い!!
同じ物件なのに!!
おそらく不動産会社が「売れないから下げましょう」と言ったんでしょう売り手に
そ…そんなことあるんだ
フツーによくあります
うわ～うちどうなるんだろ～
以前知り合いの不動産会社に聞いたら
お宅は物件価値はゼロだね
え―…
その言葉鵜呑みにしてはダメです!
キラリ
建物の価値がないのは買い手が中古住宅に不安を持っているからです!
だって古いと不安ですよぉ
そうそう
だったらその不安排除してあげればいいんです!
そんなことできるの!
はい
次のページでご紹介します。
できるだけ高く売れるよう努力しましょう!

5

# 5 親の家を売却する

取材協力：高橋正典氏（不動産コンサルタント）

親の実家を売却する機会が訪れるのは、親が元気なうちか、あるいは、親が亡くなってからです。

まず前者の場合は、本当に親は引っ越しを望んでいるかどうかを徹底的に話し合うことが大事です。私の知人女性は、親の老後を考え、自分が住むマンションの一室が売り出された時点で、親の一戸建てを売り、両親を呼び寄せました。しかし今も、両親は慣れ親しんだ家を懐かしむことが多いといいます。この女性の両親は、引っ越すことに納得していましたが、それでも、こうした思いは湧くものなのです。

また、兄弟間で、その家に住む意思があるのかの確認も行う必要があります。親の他界後、将来的に移り住むことを考えている人もいるかもしれません。

## 同エリアに競合物件がなければ売りチャンス

いざ売却を決めたら、続いて「売るタイミング」を見極めます。まずチェックしたいのが、競合物件です。「スーモ」「ホームズ」などの不動産ポータルサイトにアクセスし、同じエリアに競合物件がまったくない、あるいはほとんどない場合は、売りに出す絶好のタイミングです。多少高めの価格でも、ある程度人気のあるエリアであれば、売れる確率は高くなります。

一方、周辺に競合物件が多い場合は、売り出す時期をずらすのも方法の1つです。特に、新築物件が多い場合は、要注意です。

通常、ハウスメーカーは新築物件について、中古物件と比べても、お得感が感じられる価格を付けます。したがって、時期をずらしたほうが無難かもしれません。

また、将来有望なエリアなど、希少性のある物件は売り急ぐ必要がありません（左ページ参照）。

ここで問題になるのが、「住み替え」のケースです。買いたい物件が現われると、資金調達のためにも急いで売る

## 親の実家を売る前に確認すること

親が元気な段階で親の実家を売る際は、絶対に「後悔」だけはしないようにしなければなりません。特に次の2つは必ず確認しましょう。

**親の本当の気持ちを確かめる**

家の劣化が激しいなど、子供にしてみれば「引っ越したほうがよい」と思っても、親は「そのままでも幸せ」と思っている可能性もあります。親の本心をきちんと確かめ、その気持ちを尊重することが大事です。

**兄弟に住む人はいないか**

兄弟の中で「いつかは住みたい」と考えている人がいるかどうかもしっかり確認します。内心そう思っているケースもあるからです。

## 売るタイミングの見極め方

不動産物件には「売り時」が存在します。間違ったタイミングで売ってしまうと、かなり損をしてしまうこともあるので要注意です。

**競合物件の有無をチェック**

競合物件が同じエリア内にない場合は、売りに出すベストなタイミングです。そのエリアで探している人は、多少高くても、購入しようとするからです。逆に多い場合は、時期をずらすのも方法の1つです。

**新築物件の有無のチェック**

新築物件を売りに出す場合、ハウスメーカーは、そのエリアの中古物件と比べられても選んでもらえるように、お得感のある価格を付ける傾向にあります。この場合は、時期をずらしたほうが無難です。

**希少性のある物件かどうかのチェック**

希少価値のある物件であれば、絶対に売り急ぐ必要はありません。次の3つに当てはまる物件は、希少価値が高いといえます。

**希少価値のある物件**

| | |
|---|---|
| ①売り物件が少ないエリア | 評判のよい小学校があり、住人の学歴水準が高いエリア、駅徒歩5分以内のエリアは、住環境や治安がよく、物件が出にくいといえます。 |
| ②都市部で余裕を持って建っている物件 | 建ぺい率・容積率の上限ぎりぎりではなく、余裕を持って建てられている物件は、価値が高く、なかなか出回りません。 |
| ③将来有望なエリアの物件 | 街の発展が期待でき、時価が下落しにくいエリアの物件は、価値があります。 |

必要が生じるため、売るタイミングを自分で調整することが難しくなります。不動産会社もしたたかですので急いで売ろうとすると、数百万円程度買い叩こうとすることもあります。もし可能であれば、子供の家に、親が仮住まいし、ゆったりと構えて、売却することも大事です。あるいは、ウィークリーマンションなどを借りて、じっくり売却するのも戦略の1つです。

ただし、ここでも親の気持ちを大切にする必要があります。親自身がある程度は安くても構わないから早く売りたい気持ちがあるのであれば、それを尊重すべきです。

## 建物は価値がゼロと早急に判断しない

では、価格の設定は、何を目安に行えばよいのでしょうか。価格の決定権は売り主にあるため、事前に学習しておきましょう。まず、土地については、同じエリアにある競合物件の価格が1つの目安になります。あるいは路線価(86ページ参照)から、土地の実勢価格を探る方法もあります。路線価から実勢価格を割り出す計算式は「路線価÷80%×１１０%」です。

一方、建物については、不動産会社の多くは「20年以上の古い建物の価格はゼロ」と判断することが多いのですが、それを「仕方がない」と納得してはいけません。

昔の建物には多い「違反建築の戸建て」、新耐震基準(１９８１年6月1日)より前に建てられた「旧耐震基準の戸建て」については、その建物に価値を見出すことは難しい場合があります。そうでなければ、左ページに挙げた「建物の価値」を上げる方法を実践することで、建物の価格を上げることも可能です。

土地や建物の価値をある程度把握したら、不動産会社を通じて、販売するわけですが、どのように選べばいいのでしょうか。そのポイントは左ページに載せました。

## 親が他界したら3年以内に売る

ここまで親が元気なうちに、親の実家を売却する方法を見てきましたが、親が他界した場合は、何を注意すべきでしょうか。ポイントは「3年以内に売る」ことです。82ページで触れたように、16年度税制改正大綱で、子供が相続した空家でも、一定の要件をクリアすると、売却して利益が出ても、３０００万円まで税額がゼロになるからです。

親の実家を売るというのは、親にとっても、子供にとっても、一大プロジェクトといえます。協力しあって、少しでも有利に売りたいものです。

## 建物の価値を上げる3つの方法

建物の価値が築年数とともに減少していくのは、中古住宅に対して、買う側が不安を抱いているからです。逆にいえば、その不安を排除することで、中古住宅の価値を上げることができます。ここでは3つの方法を紹介します。

**インスペクション**

建築士などのプロによる建物診断のこと。建物の欠陥の有無、劣化状態、リフォームの必要性などをチェックしてもらいます。買う側にとっては、安心材料になります。対応している設計事務所に申し込みます。
費用は、目視による一次診断で、5～10万円程度です。

**瑕疵保険**

新築物件には10年間の瑕疵担保保証が義務化されていますが、中古物件は保証をつけるかは当事者間の合意によります。
その保証を「既存住宅売買瑕疵保険」といいます。
瑕疵(欠陥)が見つかった段階で、1000万円までの補修費用が最長5年保証されます。この保険に加入すると、買い手は住宅ローン減税の適用が受けられます。加入は4～8万円の保険料がかかります。

**住宅履歴情報**

新築時の設計図書や地盤調査報告書、建物のリフォーム・メンテナンスの記録など、住宅のさまざまな情報を保存する仕組みのこと。
買う側は安心して購入できるようになります。

## 不動産会社選びのポイント

中古物件を売る際は、どんな不動産会社に頼めばいいのでしょうか。ここでは4つのポイントを紹介します。

**中古物件を多く扱っているか**

不動産会社によっては、新築物件がメインで、中古物件はあまり扱っていないケースもあります。中古物件と新築物件は、まったく別商品であり、中古物件に関する知識のある会社を選びましょう。

**インスペクションなどの知識があるか**

インスペクション、瑕疵保険、住宅履歴情報に対応している会社を選びましょう。これらについて、まったく知識のない会社も多数あります。

**ネット広告を豊富に出しているか**

物件情報を数多くの消費者の目に届かせるには、ネット広告がとても重要になってきています。
「スーモ」「ホームズ」「アットホーム」「オウチーノ」の4大不動産ポータルサイトを網羅しているところを選びましょう。

**担当者が信頼できるか**

不動産会社の評判がよくても、営業担当者が信頼できない人物だと、物件の売却はうまくいきません。インスペクションなどの知識、対応の良さ、的確なアドバイスをしてくれるか、宅地建物取引士の資格を持っているか、などをもとに判断するとよいでしょう。信頼できないと判断すれば、担当を変えてもらいます。

中古物件の売却は、
不動産会社選びが成功のカギ！

column

# 親の建物が、違反建築であるかチェックしよう

みなさんの実家は違反建築ではないでしょうか。じつは、昔の中古一戸建ては建築基準法や都市計画法に違反した物件が少なくないのです。

家を建てる際は、建ぺい率と容積率をオーバーしてはいけないことになっています。しかし昔は、行政に申請したものと違う建物を建てることは、普通に行われていました。また、子供が大きくなると、勉強部屋などを勝手に増築するといったことも、普通に行われていました。

こうしたケースでは、多くの場合、建ぺい率と容積率がオーバーしてしまい、その物件は、違反建築として扱われてしまいます。私の実家は、違反建築ではありませんが、裏の幼馴染の家は、勝手に勉強部屋を増やしたため、違反建築だそうです。

もし実家が、違反建築の場合は、売却は相当難しくなります。相場よりも、相当安い値段になりますし、買う側も敬遠しがちになります。

もし違反建築なのであれば、建物付きで売却せずに、更地にしてから売却するのも、1つの方法といえます。

**建ぺい率**

土地の面積に対して、どのくらいの面積まで建物が建てられるかの割合。
この率は、地域によって異なります。

計算式 **建ぺい率＝建築面積÷敷地面積**

例 建ぺい率が60％で、敷地面積が100㎡の場合、建築面積は60㎡

**容積率**

土地の面積に対して、どのくらいの規模の建物を建ててよいのかの割合。
この率は、地域によって異なります。

計算式 **容積率＝延べ床面積÷敷地面積**

例 容積率が200％で、敷地面積が100㎡の場合、延べ床面積は200㎡

# 6章

# 親のお金をゆっくり引き継ぐ

親のお金を
ゆっくり
引き継ぐ
親の財産は元気なうちに引き継ぐのと亡くなってから引き継ぐのと2通りありますが
どっちでももらえればラッキー♥
いや…元気なうちに引き継ぐと
どーーん!
贈与税
ひ～
ぐ…ぐるじ～～
贈与税がかかります!
ずしっ!
相続税
お…重っ!!
ぎゃ～
死後だと相続税がけっこう重いですよっ
ど・どーすればいいんですかっ
オロ
オロ
ブイッ
ブイッ
ブイッ
大丈夫《ダイジョーブ》イイッ
ちゃんと対策をすれば
おさえることができますからね!

本書ではここまで、生命保険や預貯金などの内容の確認や見直し方、解約方法、あるいは土地や建物の税金対策の仕方や売り方などについて触れてきました。

親の財産を把握する理由を、ここでもう一度確かめておきましょう。一番大きな理由は、親が万が一の事態になったとき、親に代わって、親のお金を使える環境にしておくためです。私は、母が末期がんになったとき、親のメインバンクの暗証番号がわからず、銀行に行き来する必要が生じました。その結果、母の看病は二の次になってしまったものでした。親が元気なうちに把握しておけばよかったと、何度後悔したことでしょうか。

親の財産を把握する、もう1つの理由は、財産の目減りを食い止めることで、ゆとりある老後を、親が送れるようにするためです。特に高額な財産は要注意です。3章で触れましたが、親の生命保険は〝財産の大流出装置〟になっている可能性は高いと、私は実感しています。少々過激な言葉かもしれませんが、ここまで本書を読んだ皆さんは、納得してくれるはずです。

そしてもう1つ重要な理由が、親の財産をしっかり引き継ぐためです。親子間の富の格差が広がるなか、さらに、今後年金の目減りが進むことが予想されるなか、親の財産は子供にとって、大きな保険になります。それだけに、相続税が発生するかもしれない場合は、相続税対策を、親が元気なうちから行う必要もあります。しかし、そのことを親が理解し、納得しなければ、親子間のトラブルを生むだけです。

この章では、こうしたトラブル回避の方法も含め、親が元気なうちから、親の財産をゆっくり引き継ぐ方法を見ていくことにします。

## 子供の経済状況をしっかり親に伝える

生前贈与とか亡くなってからいくらもらうとか親には言いにくいわー
うーんまぁ
親もスネをかじられるような気持ちになるかもね

でも――子は自分の蓄えや自分の老後のことを親にちゃんと話しておいた方がいいと思います
だって日本は今後本当に厳しい時代に突入していくんですから
ひゅうううう…
ガクブル
うすぎなのに～
さむっ
さむいよ～
母がまだ元気な頃年金のニュースを見ていると
消えた年金が…受給額が…
あんたの時代の年金は大変そうね
うん
僕は自営業だし受給額はかなり低いよ
64ページ見てね
私の年金は一切触れてないから
今後もそうするわ
えっ

何言ってんの
必要な分はどんどん使ってよ
ハイハイ
しかし――母の死後年金の入ってくる通帳を見ると
えっ
全然引き出されてない!!
お母さん…すごい!!
あんたたちのために残したのよ
僕は年金のことしか話してなかったけど…
みなさん月収とかボーナスとかローンの額もちゃんと親に伝えてますか?
いやーそんなの話したことないよ
相続ももっとあとになるだろうしさ
うちの親もそんな話したくないと思うわー
でもいつかは引き継ぐ日がやってきます
そのためにはまず親の財産を把握しておかないと
そして親の財産を知るのなら自分の経済状態もすべて伝えないと
そうすれば引き継ぎの時期などの話もしやすくなりますよ!
なるほど!
納得!

## 1-6 子供の経済状況をしっかり親に伝える

親の財産を把握すべき理由は、いくつかありますが（12ページ参照）、このうち「親の財産を引き継ぐため」については、親の理解を得ることが、何よりも大切になります。この部分が足りないと、親は不信感を抱きます。それだけにまずは、その理由をしっかり伝えていきましょう。

その際は、子供自身の経済状況を親に伝えることも大切です。私は母の生前、年金破たんのニュースを見ているとき、母と「自分の将来の年金」について話し合ったことがありました。そのとき、母が以前から子供の年金を心配していることを知りました。子供の経済状況を話せば、親の理解は得られると、私は実感しました。

では、具体的には、何を伝えればいいのか。ここでいくつか紹介するので、参考にしてください。まずは「現在の毎月の収入と支出」「ボーナス額」「借金の額」「貯金額」です。「今後の貯金額」「今後の出費」も、今後のライフイベント（左ページ参照）などを参考に、シミュレーションし、伝えます。なお、自分の経済状況の棚卸しをした際は、自分の財産の見直しもするべきです。生命保険の見直し、月々のムダ遣いの反省など、すべきことは多くあるはずです。

### 将来の年金受給額は目減り分も伝える

将来の年金受給予想額も、親に伝えましょう。日本年金機構の「ねんきんネット」で利用登録をすれば、将来の年金受給額が大まかにつかめます。なお、ねんきんネットでは、将来の年金の目減りは考慮されていません。68ページを参考に、年金の目減りを考慮しながら、将来の年金受給予想額を伝えることが大事です。

子供の経済状況を伝える行為は、あなただけではなく、できれば兄弟にも実践してもらいます。こうして子供の経済状況を伝えることで、親は、子供が置かれている〝将来の現実〟を理解してくれるはずです。その理解を得たうえで、親の財産を引き継ぐ行動に移りましょう。

## 親に伝えるべき、子供の経済状況

親の財産を引き継ぐうえでは、子供の経済状況を伝えることで、親の納得を得られやすくなるはずです。もし子供の経済状況がよいのであれば、親の財産の引き継ぎの開始時期は、親と話し合って決めればよいでしょう。

### 1　現在の毎月の収入と支出

自分の収入と支出のバランスが悪ければ、しっかりと自分の経済状況を見直すことが大事です。

### 2　ボーナス額

親が子供のボーナス額を知っているケースはあまりないはずです。しかし、ちゃんと伝えるべきです。

### 3　借金の額

住宅ローン、自動車ローンなど、現在の借金の額、そして完済するのは、いつ頃かなども伝えます。

### 4　貯金額

親の財産を把握するのですから、自分の貯金額を伝えるのは、当然のことです。

### 5　今後の貯金額

これまでの貯金のペースをもとに、これからの貯金額を予想します。下で紹介したライフイベントによる出費も考慮します。

### 6　今後の出費予想

下のライフイベントによる出費をもとに、今後の出費予想を立てましょう。

### 7　将来の年金受給額

「ねんきんネット」に登録することで、将来の年金受給額が把握できます。この際は、目減り分の考慮も大事です。

## 30~40代の今後のライフイベントと費用

「今後の出費」をシミュレーションする際は、今後のライフイベントの費用をもとに考えることが大事です。このほか結婚費用約430万円、出産費用約49万円といったデータもあります。

**教育費用**

幼稚園から大学まで公立の場合。
全部私立だと、約2000万円

**約756万円**

出典:平成24年度「子どもの学習費調査」(文部科学省)など

**住宅購入費**

建売住宅のケース。
マンションは約3968万円

**約3280万円**

出典:「2014年度フラット35利用者調査報告」(住宅金融支援機構)

**老後の生活費**

老後のひと月あたりの
最低予想生活費

**約26万円**

出典:「家計の金融行動に関する世論調査(平成26年)」(金融広報中央委員会)

## 相続税が「みんなの税金」になった

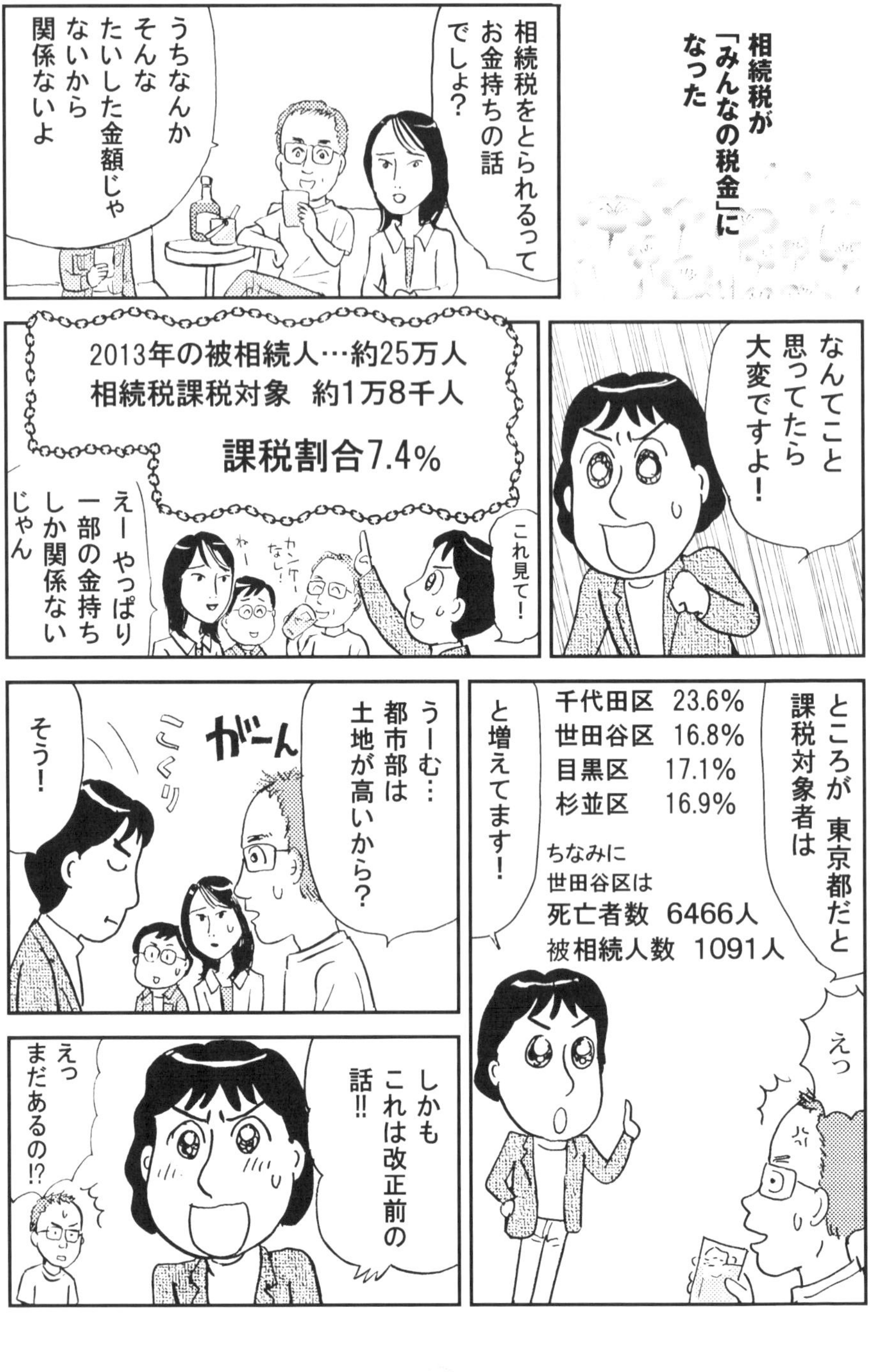

15年から法律が変わって基礎控除額が引き下げられました！
改正前　（法定相続人が2人の場合）
相続税の基礎控除額　7000万円が
改正後・・・・・・4200万円に!!
えっ
こっこれは!!
ある試算によると東京都では2人に1人が相続税の対象になるという話も…
ガクブル
た…確かにうちの親に預貯金はないけど土地あるし
地価考えたらスゴイことになるかも!!
相続税は一部の人のものじゃなくて「みんなの税金」になりつつあるんです！
みんなの税金
これは無関心じゃいられないわ
うん!!
大切な親の財産を国に持っていかれないよう対策を講じなくっちゃ!!
教えて!!
はいっ
次のページへ！

## 2-6 相続税が「みんなの税金」になった

相続税とは、親が亡くなった後、その親の財産を引き継ぐ際に、発生する可能性のある税金のこと。これまでの章で見てきた「預貯金」や「土地・建物」などの財産（実際は評価額に計算し直す）は、相続税の対象になります。

冒頭で「可能性のある」と書いたのは、相続税には、基礎控除額があり、この額を下回れば、相続税は発生しないからです。この基礎控除額は、これまで何度も改正されてきました。１９８７年までは、法定相続人が２人の場合で、基礎控除額は２８００万円でした。しかし、バブルによる地価の急騰により、相続税が支払えないケースが多発すると、88年に５６００万円となり、その後、94年以降は、７０００万円となり、それがずっと続いていました。

### 相続税の基礎控除額が大幅に下がった

しかし、15年から、基礎控除額が大幅に引き下げられ、法定相続人が２人の場合、４２００万円となりました。じつは、親世代、あるいは子供世代のなかには、この15年の改正を知らず、相続税は絶対にかからないと思っている人が少なくありません。皆さんは、知っていましたか？

これだけ大幅に引き下げられると、「国は財政難だから」と、また改正されそうですが、行政書士の豊島史久さんは「当分この状態が続くと思います」と見解を示します。

とはいえ、今回の引き下げで、相続税は私たちにとって、身近な存在になったことは間違いありません。例えば、父親の財産の評価額が７０００万円で、法定相続人が３人（母と子供２人）の場合、この家の相続税額は約１１４万円になります。ちなみに、改正前だったら、ゼロです（相続税の計算式は、１２２ページで詳しく触れます）。

「でも、法律で決まったことだから……」と、諦めてはいけません。親が元気なうちから、相続税対策を行うことで、税金をゼロに近づけることができるのです。この点は１２６ページで紹介します。

## 相続税の基礎控除額の変遷

相続税の基礎控除額は、ほかの税金に比べて、圧倒的に高いといわれます。しかし、2015年に約20年ぶりに改正され、基礎控除額は大幅に引き下げられました。

**法定相続人が２人の場合**

2015年に一気に下がった！

| 1975年 | 1988年 | 1992年 | 1994年 | 2015年 |
|---|---|---|---|---|
| **2800万円** | **5600万円** | **6700万円** | **7000万円** | **4200万円** |

1988～94年に基礎控除額が大幅に上がったのは、バブル期の地価の高騰が要因の1つ。土地を売却しないと相続税が支払えないケースが続発したため、引き上げが実施されました。

これまで何度も基礎控除額の引き上げはウワサされましたが、ついに、2015年に改正されました。

**例えば…法定相続人が３人（母、子２人）の場合で法定相続分で相続した場合**

2014年まで

**財産 7000万円**

- **配偶者** → **配偶者控除でゼロ**
- **子供** → **子供もゼロ**

2015年以降

**財産 7000万円**

- **配偶者** → **配偶者控除でゼロ**
- **子供** → **子供1人、相続税57万円**

財産の評価額が7000万円だった場合、母と子２人が、法定相続分で相続すると、2014年までは相続税は発生しませんでしたが、15年以降は、発生することがわかります。

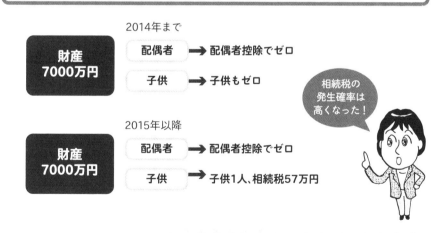

親の全財産をおおまかに把握する

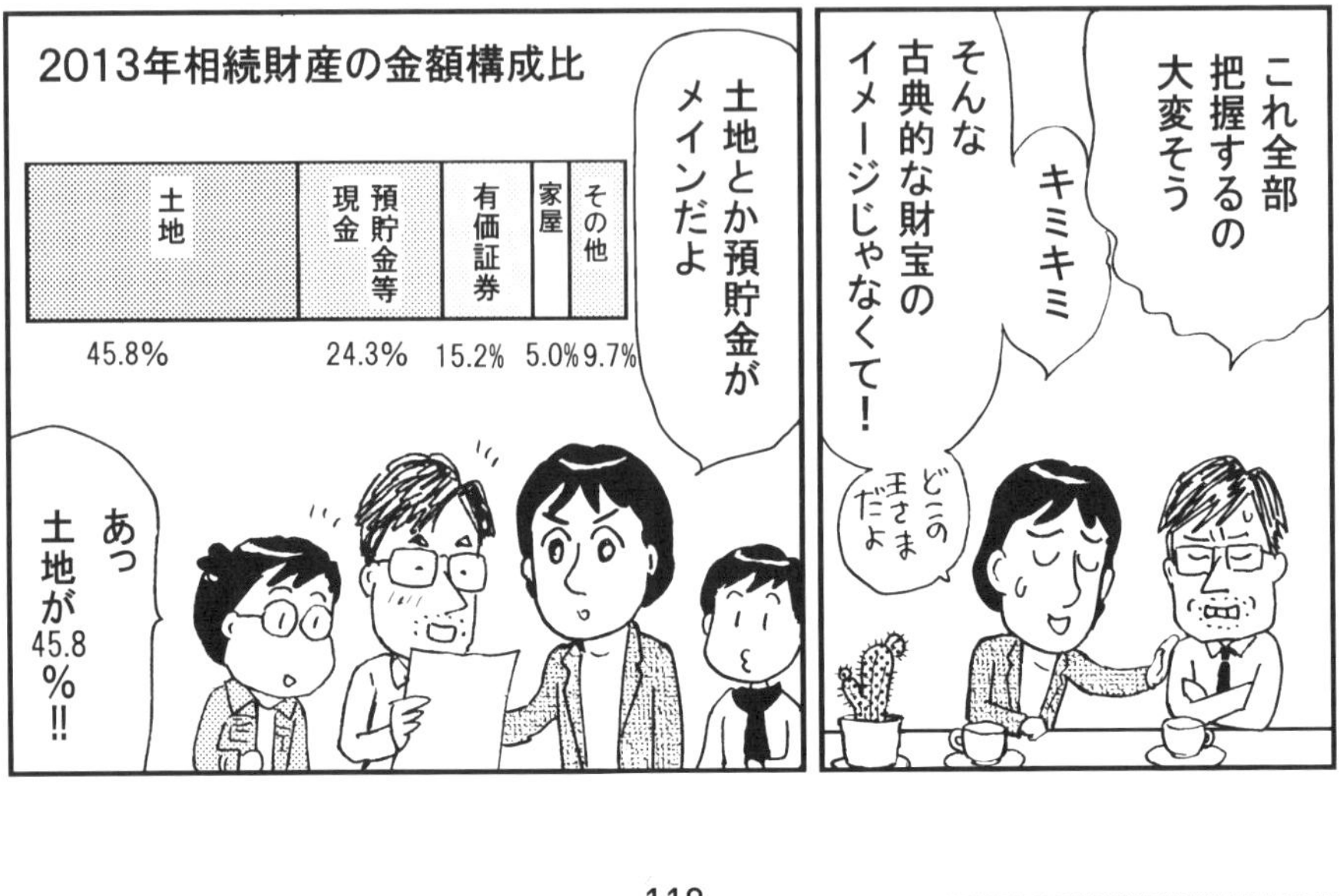

2番目にくるのが現金・預貯金で24.3%
土地と合わせると7割以上になります
そっか財産って言っても土地と預貯金が大半を占めるわけだね
我が家の場合母の死後母の財産をチェックしたんだけど
この通帳は母名義
こっちは全部お義父さん名義
多くは父名義で母の財産は基本的に預貯金のみでした
あとは現金でへそくりの500円玉貯金
コレね
ずっしり
なるほど「財産」と聞いてビビッてたけど大まかにチェックすればOKか！
そうそう
うちの実家は土地も狭いからたいしたことないわ
いやいや…
都市部は地価が高いのでどうなるかわからないです！
ある程度は事前にチェックしておきましょう!!
はいっ!!

# 3-6 親の全財産をおおまかに把握する

親の財産を引き継ぐには、まずは、親の財産がどのくらいあるのかを確認することが大切になります。親の財産が相続税の対象になると、税金が発生し、親の財産は目減りしてしまいます。それだけに、まずは、親の財産を把握し、相続税がかかるか否かの目安をつけましょう。なお、相続税は父と母の財産は合算されず、それぞれが相続税の対象になるため、別々に計算します。

親の財産のうち、相続税の対象となるのは、金銭に換算できるモノのほとんどです。現金や預貯金、土地はもちろん、車、アクセサリー、骨とう品など、その範囲はかなり広めです。とはいえ、一般的には「現金・預貯金」「土地」「家屋」「有価証券」が9割近くを占めるので、これに「生命保険」を把握しておけば、おおまかな数字がわかります。

しかし、これらの財産をただ足せばよいのかというと、そう単純ではありません。財産を「評価額」に計算し直す必要があるのです。土地や建物の計算方法は、86ページで触れました。そのほかは、財産ごとで異なりますが、現時点では「時価」で把握すれば十分です。

## 有価証券も財産の1つになる

なお、実際に相続税が発生するかどうかは、親の死後の時点の財産（評価額）で決まりますが、現時点での財産を把握しておけば大体の目安になります。

では、親の財産を、全把握していきましょう。まずは2章でチェックした「現金・預貯金」です。基本的には、その金額が評価額になります。「土地」「家屋」は、86ページを参考に、評価額を出します。「有価証券」は、とりあえず現時点での価額を評価額とみなします。

生命保険については、被保険者（親）が保険料を支払い、子供が保険金を受け取る場合、相続税が発生する可能性があります。ただし、相続人1人あたり500万円の非課税枠があります。

## 相続税の対象となる、主な財産

親の財産を把握するには、以下の項目をチェックしていきます。①〜④が財産の9割以上を占めるため、まずは、これらの財産を把握すればOKです。

**①現金・預貯金** 24.3%

現金や普通預金、定期預金など。基本的に、その金額がそのまま評価額となる。

**②土地** 45.8%

居住用宅地のほか、事業用宅地、借地、農地、山林なども含まれる。評価額の出し方は86ページ参照。

**③建物** 5%

自宅のほか、店舗、貸している家なども含まれる。評価額の出し方は86ページ参照。

**④有価証券** 15.2%

株や投資信託、外貨、公社債など。上場株式の評価額は、被相続人が死亡した日の終値などで決まる。

**⑤生命保険**

受取人固有の財産ですが、相続税では、相続財産とみなされる。

**⑥そのほか**

アクセサリー、骨董品、ゴルフ会員権、自動車など。

### 生命保険の評価額の出し方

| | | 課税金額の目安 |
|---|---|---|
| 死亡保険金 | 契約者と被保険者が同じで、被相続人の死亡後に相続人に支払われる | 死亡保険金－(500万円×法定相続人の数) |
| 死亡退職金 | 通常は配偶者、配偶者がいなければ子供などの相続人に支払われる | 死亡退職金－(500万円×法定相続人の数) |

### 評価方法はさまざま

自動車……………調達価額または新品の小売価額
ゴルフ会員権……取引価額の70%
家財………………相続日にその財産と同じ中古状態のものを購入したときの価額
骨董品……………売買実例価額、専門家の意見価格などを参考に決める

親の財産から相続税の額を把握する
私が認知症の父の成年後見人になっているわが家にとって
ショックな出来事が２０１５年1月1日の相続税改正でした！
ガーン
ええっ
こ、こんなことになるの!?
改正前の相続税の基礎控除額はコレでした
定額控除5000万円
＋
法定相続人控除
1000万円×人数
うちの場合姉とボクとで７０００万円までは控除になるワケです
ところがっ
改正後!!
定額控除が３０００万に法定相続人控除が600万円に引き下げられました！
3千万+600万×2
=4200万
つまり姉とボクで控除になる金額が4千２００万まで引き下げられたのです！
まあそれでも父の財産４２００万もないはず…と高をくくっていたら…
なんと冒頭の成年後見人という制度のおかげで…
はあああぁぁぁ……
どっどーしたの!?

実は成年後見人を立てるとお金の移動が自由にできなくなるんです
それを知らずに成年後見人になった私がマヌケでしたっ！
みむめも
みむめも
マヌケ
くわしくは140ページに！
母の死後母の財産の相続手続きをしたとき
いらないよ
という父の意志は成年後見人を立てているばっかりに認められませんでした
おかげで母の財産の1/2が父の口座に——
母
父
あれっ
となると…
うわっ!!オヤジの財産がちょいと増えたからギリギリ相続税発生するよ!!
14年の改正で控除額下がったし
あっホントだ!!
母の財産を父の財産に組み込まれなければOKだったのに…
相続税とられるのはイタイわねー
うーん…
みなさんの家はどうですか？
もし発生しそうなら対策を講じましょう!!
やり方はイロイロありますっ

4-6

# 親の財産から相続税の額を把握する

親の財産が相続税の対象になるかどうかは、親の財産の総評価額を把握すればわかります。相続税は、父親と母親の財産は合算されないため、多いほうの財産をチェックすればよいでしょう。

まずは財産の9割を占める「現金・預貯金」「土地」「家屋」「有価証券」の評価額をつかみます。

続いて、生命保険の評価額です。生命保険は、被保険者が保険金を支払い、子供が保険金を受け取る場合は、相続税の課税対象になります。「受け取る保険金－（５００万円×法定相続人）」が、評価額になります。つまり、相続人１人あたり５００万円の非課税枠があります。

なお、生命保険は、被保険者の保険料を、配偶者が支払い、子供が受取人だと、贈与税の対象になり、税金はかなり高くなるので要注意です。また、支払いも受取人も子供の場合は、所得税がかかります。

一方、マイナスの財産（住宅ローンの残高などの債務）や葬式費用、非課税財産（墓地、寄付財産など）は、総評価額から差し引くことができます。とはいえ、この段階では、多額の債務がある場合以外は、これらをあえて加味する必要はないでしょう。

## 課税対象額がプラスになれば、相続税がかかる

続いて、総評価額から基礎控除額を差し引きます。本書で何度も触れたように、２０１５年より、基礎控除額が大幅に減額され、「定額控除３０００万円＋法定相続人控除６００万円×法定相続人数」となりました。総評価額から基礎控除額を差し引いた金額が課税対象額となり、この金額がマイナスであれば、相続税はかかりません。プラスになれば、相続税が発生する可能性が出てきます。

課税対象額が出たら、相続税の税率をかけて、相続税の額を出します。ここで相続税が発生しそうだと判明したら、すぐに相続税対策に乗り出しましょう。

## おおまかな相続税の額の計算方法

相続税の正式な計算方法は、153ページで紹介しますが、おおまかな相続税の額は、次の2ステップの計算で把握できます。

### STEP 1 課税対象額を出す

マイナスなら、相続税はなし！

（　　円）総評価額 −［（　　円）債務　（　　円）国などへの寄付金　（　　円）葬式他］−（　　円）基礎控除額 ＝（　　円）課税対象額

**定額控除3000万円＋法定相続人控除600万円×法定相続人数**
**＝基礎控除額**

| 法定相続人 | 基礎控除額 |
|---|---|
| 1人 | 3600万円 |
| 2人 | 4200万円 |
| 3人 | 4800万円 |
| 4人 | 5400万円 |

### STEP 2 相続税の額をつかむ

（　　円）課税対象額 ×（　　円）税率 −（　　円）控除額 ＝（　　円）相続税額

| 基礎控除を超えた金額 | 相続税率 | 控除額 |
|---|---|---|
| 1000万円以下 | 10% | − |
| 3000万円以下 | 15% | 50万円 |
| 5000万円以下 | 20% | 200万円 |
| 1億円以下 | 30% | 700万円 |
| 2億円以下 | 40% | 1700万円 |
| 3億円以下 | 45% | 2700万円 |
| 6億円以下 | 50% | 4200万円 |
| 6億円超 | 55% | 7200万円 |

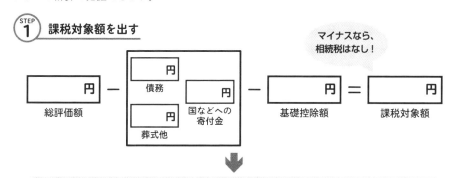

相続税対策は、
できるだけ
早いうちに
暦年贈与

総勢10名で
5年前から
暦年贈与を
やってます！
1人年間
110万ずつ
きちんと
通帳
作ってます！
おかげで
評価額
1億円の
財産が今では
6千500万円まで
目減りしておる！
息子よ
でかした！
ニコニコ
長男
三男
次男
相続税も
171万円まで
下げてます
あと少しで
ゼロに！
うんうん
次男
今年から
うちはオヤジからの
暦年贈与を
やめたんです
えっ？
なんで？
うちの親の
暦年贈与を
始めるためなの
暦年贈与は
合計して110万円
までが非課税
だからね！
はあ…
うちの
とりくみを
見ていると
重要性がわかる
ぢゃろう
はい
これを
家訓に
するの
ぢゃ!!
相続税
とられる前に
暦年贈与！
ビシッ
はい

6

5

# 相続税対策は、できるだけ早いうちに暦年贈与

親の財産の総評価額を把握し、相続税が発生する可能性があることがわかったら、相続税対策を始めましょう。この対策の目的は、相続税をゼロに近づけることです。だったら一気に贈与すればよいと思うかもしれませんが、そうすると税率の高い贈与税が発生します。1000万円を一気に贈与すると、なんと税額は231万円です。

## 年間110万円までの贈与は非課税

そこで行いたいのが「暦年贈与」です。暦年贈与とは、1年間に贈与を受けた金額が110万円以下であれば、贈与税の申告が不要な制度のこと。この暦年贈与を毎年行うわけです。相続人でなくても活用できるため、例えば、長男の妻や子供も利用できます。

例えば、父親が元気な段階で、法定相続人が3人（妻と子供2人）で、財産（評価額）が8000万円だとします。15年後に父親が亡くなったとして、法定相続分で相続すると、暦年贈与をしないと、納税額は176万円になります。一方、相続人3人に対し、110万円ずつの暦年贈与を10年間行うと、父親の財産は4700万円に目減りし、相続税はゼロになります。

一つ注意したいのは、父と母の両方から贈与を受ける場合です。暦年贈与は、贈与を受けた人ごと、合計して年110万円までが非課税になります。父と母の両方から110万円の贈与を受けると、贈与税が発生してしまいます。また、「相続開始前3年以内に相続人に贈与された財産」は相続財産に加算される点も要注意です。暦年贈与は早めに行うことが大事なのです。

暦年贈与は、銀行振込など〝証拠〟が残るようにしておくこと。証拠がないと、税務署に贈与と認めてもらえない可能性があるからです。この銀行振込は、子供自身が口座を作ること。親が子供の口座を開いて、振り込む形は、名義貸しと判断され、贈与と認めてもらえなくなります。

## 年110万円までは非課税になる暦年贈与

相続税が発生しそうであれば、今すぐ始めたい「暦年贈与」。その内容やメリット、注意点を見ていきましょう。

| | |
|---|---|
| 贈与できる人 | 制限なし |
| 贈与を受ける人 | 制限なし |
| 控除額 | 年間110万円までは贈与税がかからない |
| 税金がかかるケース | 年間110万円を超えた贈与に贈与税がかかる |
| 税務署への申告 | 年間110万円以内に贈与は申告不要 |

↓

**メリット！**

10年で1110万円とかなり節税できる！

❶ 年間110万円まで無税で贈与できる

❷ 税務署に申告する必要がない

❸ 相続人だけではなく、贈与の対象に制限がない

**注意点**

贈与税は、1000万円で231万円と高い！

❶ 年間110万円を超えたら、贈与税が発生する

❷ 相続開始前3年以内に相続人に贈与された財産は、相続財産に加算される

早めに始めるのが大切！

❸ 基本、預貯金のみのため、土地などは暦年贈与はできない

## 一次相続は、細心の注意を払う

相続税対策は暦年贈与がキホンですっ!!
めんどくさいけどやんなきゃダメです！

さて両親のうちどちらかが亡くなったときは財産をどのように相続すればいいでしょうか？
父
母
子
子
法定相続人3名
例えば父がなくなった場合父の財産を母と子供二人が相続したとします
コレを一次相続といいます
一次相続の場合財産が4800万円以下だったら
基礎控除額3000万円＋法定相続人3人×600万円
非課税です！
法定相続人3人の場合
うちの場合父の財産が5千万円くらいなので
調べたらけっこうあった…
相続税がかかりますよね！
だからうちは母に全部相続させるわ！
配偶者は1億6000万円まで非課税だし！
コレが一番いいでしょ!?
ふふふ…

甘いっ!!相続は一次相続だけではないのであーる!!
お母さんが亡き夫の全財産を相続するとお母さんの財産が増えてしまう!!
そうすると
お母さんが亡くなったとき子供たちに相続税が重くのしかかってくるのであーる!!
がーん!
えーっ
これが二次相続
うそ!そんなこと考えもしなかったわ!
でしょ
だからそうなる前の暦年贈与なんですよ
めんどくさいと思ってたけどやんなきゃね
どんな本で勉強したらいい?
うーんいろいろありますが
けっこうまちがった相続税対策をレクチャーしてるケースもあるので要注意!
詳しくは本編で!

# 6 一次相続は、細心の注意を払う

相続税対策の基本は、暦年贈与ですが、両親のうちどちらかが亡くなった段階（一次相続）で、すべての財産を配偶者が相続し、それを相続税対策とする人もいます。

相続税が高いと、配偶者は税金を支払うことで、生活が苦しくなることも十分ありえます。そこで配偶者には、大きな軽減処置が設けられています。「配偶者が実際に受け取った財産は、1億6000万円まで（もしくは法定相続分まで）相続税がかからない」というものです。さらに配偶者には、相続した土地が330㎡までは、その評価額が80％減額される「小規模宅地等の特例」も利用できます。

つまり、被相続人の財産が多く、相続税が発生しそうな場合は、相続人同士で話し合い、配偶者が全額を相続するようにすれば、相続税は発生しないことになります。

一見すると、こうした一次相続の形は、相続税対策に最適にみえますが、問題は、その配偶者が亡くなり、子供が相続する二次相続のときです。例えば、亡くなった父親の財産が5000万円で、母親と子供2人の場合、一次相続で母親のみが相続し、その後、母親が5000万円を残したまま亡くなり、二次相続の段階になると、80万円の相続税が発生することになるのです。一方、一次相続で、母親と子供が法定相続分で相続すると、相続税は10万円ですが、二次相続時は、相続税は発生しません。このことからわかるのは、一次相続は慎重に行うべきということです。それよりも両親が元気なうちから、暦年贈与を行ったほうが相続税対策には効果があると断言できます。

## 相続時精算課税制度は相続税対策にはならない

みなさんは「相続時精算課税制度」を知っていますか？ これは2500万円（住宅取得時は3500万円）までの贈与が非課税になる制度ですが、この制度は、親が亡くなった時点で、その金額を含めて、相続税が課せられます。つまり、相続税対策には一切ならないので注意してください。

## 配偶者に全相続する一次相続は、結局損をする

配偶者に対する、相続税の軽減措置は手厚いものがあります。だからといって、一次相続で全財産を配偶者に相続すると、二次相続時に、子供に相続税が発生する可能性が出てきます。

| 財産の総額 | 一次相続で配偶者が全額相続 | | 一次相続で法定相続分で相続 | |
|---|---|---|---|---|
| | 一次相続時の税額 | 二次相続時の税額 | 一次相続時の税額 | 二次相続時の税額 |
| 4500万円 | 母 0円<br>子2人 0円 | 子2人 30万円 | 母 0円<br>子2人 0円 | 子2人 0円 |
| 5000万円 | 母 0円<br>子2人 0円 | 子2人 80万円 | 母 0円<br>子2人 10万円 | 子2人 0円 |

## 相続時精算課税制度は相続税対策にはならない

相続時精算課税制度は、親から子に、一気に多額のお金を贈与できる仕組みですが、相続税対策にはならないことを理解しておきましょう。

| | |
|---|---|
| 贈与できる人 | 60歳以上の父母、祖父母 |
| 贈与を受ける人 | 20歳以上の子、孫 |
| 控除額 | 累積2500万円まで、贈与税がかからない |
| 税金がかかるケース | 2500万円を超えた贈与に対し20%の贈与税 |
| 税務署への申告 | 申告は必要 |
| 親が亡くなったとき | 相続時に、同制度での贈与額を相続額に加算し、相続税を計算 |

## 親が元気なうちに遺言書を作ってもらう

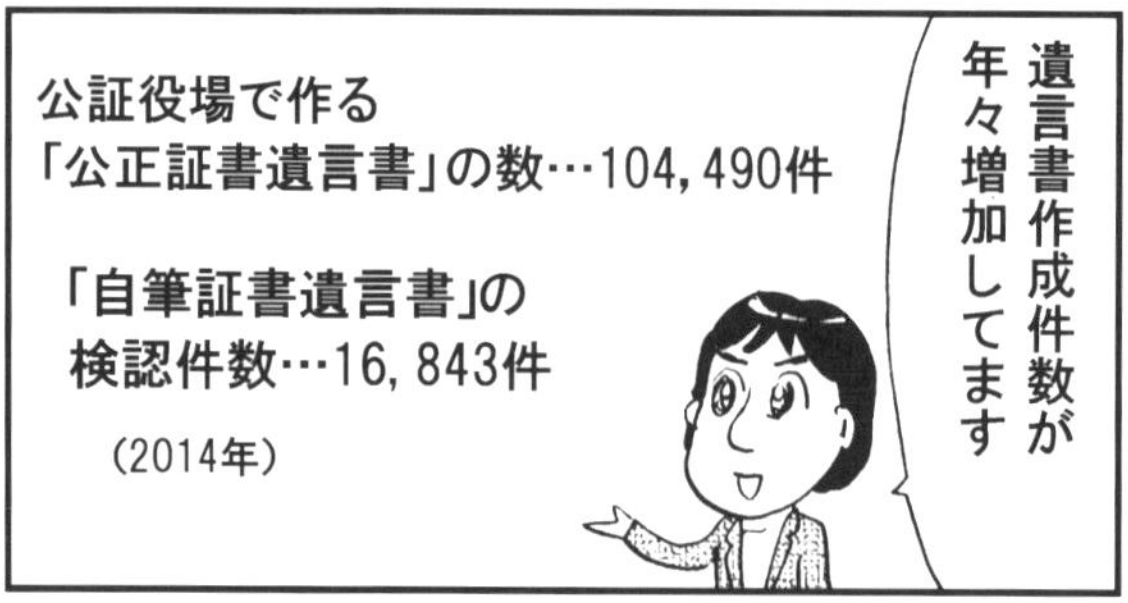


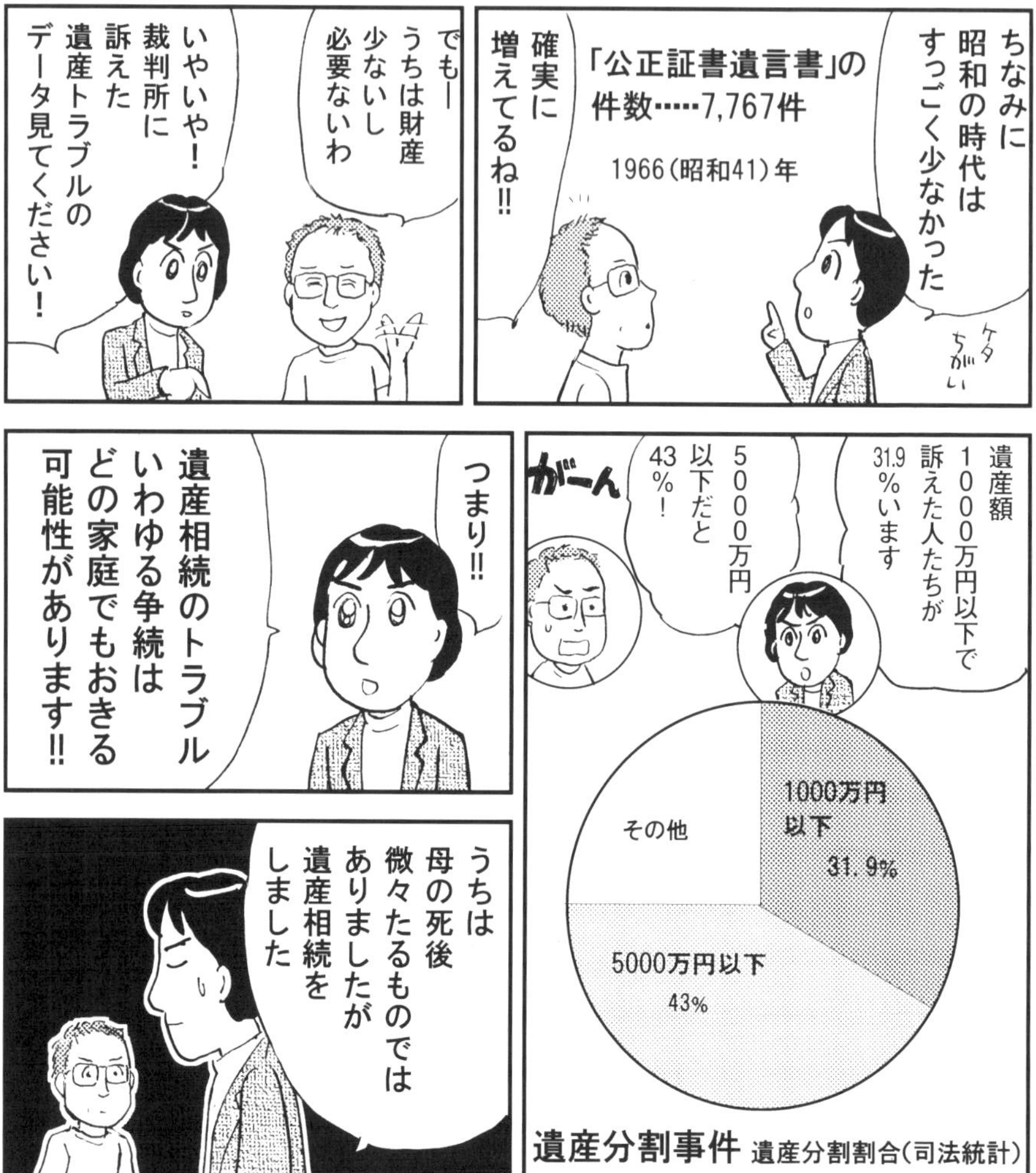

だけど
父が認知症のためー
母さんの遺産
いらないよ
と
父は
いってるん
ですが…
うーん
認知症ですし
認められない
ですよー
成年
後見人も
いるし…
家族の意向に沿えない
遺産相続になりました
お袋…
遺言書
作っとけば
よかったのに…
だね！
行政書士の
豊島史久
ですっ!!
遺言書は
一度親ごさんと
話し合いましょう!!
おお!!
おー
おー
おー
ご両親が健在なうちに
話し合ってまずは遺言書
を作るか作らないかの
選択をすべき！
まずは
これが出発地点！
方針をちゃんときめ
るってことですね?
そうです！
作らないのも
立派な判断ですから
「何もしない」
コレが一番
いけません！
とにかく
話し合い！
お願いします
はいっ

## 6-7 親が元気なうちに遺言書を作ってもらう

取材協力：行政書士　豊島史久氏

2025年には65歳以上の高齢者のうち、5人に1人が認知症になる——これは、厚生労働省が15年に発表した推定値です。私の父が認知症を発症したのは、71歳のときでした。認知症は身近な病気になったと、考えるべき時代になりました。こうしたなか、ぜひ知っておきたいのが、親の死後、その財産を相続する際、相続人の中に認知症を患った親がいると、家族の意向に沿って相続することができなくなる可能性が出てくるという事実です。

### 親が認知症になると、相続が厄介になる

遺産相続の仕方は「法定相続分に従う」「相続人同士の話し合いで決める」のどちらでも構いませんが、相続人の親が認知症になると「正常な判断ができない」という理由で、後者の選択は大きく制限されます。私の父は、母の死後、私に「俺はお母さんの財産はいらない」と言いましたが、私が父の成年後見人になったことで、父の意思は認められませんでした（140ページ参照）。今後、こうした事態に陥る家族は増えていくことでしょう。

そこで重要になるのが、遺言書です。遺言書とは、遺言者が死後、自分の財産を、どのように相続させたいのかをまとめた文書のこと。遺産相続では「遺言による相続は、法定相続に優先する」という大原則があります。相続人に認知症の親がいても、遺言書があれば、その通りに遺産相続されます。つまり、私の父と母が元気なうちに話し合って、母が「父は相続しない」と遺言書を残しておけば、その通りになったわけです。

### 争続を起こさないためにも、遺言書は大切

遺言書は、いわゆる〝争続〟を避けるためにも必要です。いくら親（被相続人）が「娘には預貯金、息子には不動産を与える」と言っていたとしても、いざ遺産相続の際、もめることは十分ありえます。私の祖父は、6人いる兄弟間

## 遺言書は主に2種類

それぞれの遺言書の特徴と、メリット＆デメリットを見ていきます。

| 自筆証書遺言書<br>証人を立てることなく、簡単に書ける遺言書。<br>遺言者が自筆で全文を書きます。<br>パソコンなどは無効です。 | | 公正証書遺言書<br>公証役場で証人（2人以上）が立ち会いながら、<br>公証人が遺言者の口述を筆記しながら<br>遺言書を作成します。 |
|---|---|---|
| 本人 | **書く人** | 公証人 |
| 自筆のみ。<br>ワープロはNG。<br>筆記用具、用紙は自由 | **書き方** | 遺言者は公証人の面前で<br>遺言内容を口頭で述べる。<br>公証人がその内容を筆記 |
| どこでもOK | **書く場所** | 公証人役場が基本 |
| 印鑑 | **必要なもの** | 実印、印鑑証明書など |
| 本人が保管 | **保管場所** | 原本は公証人役場、<br>正本は遺言者本人が保管 |
| 不要 | **費用** | 財産の金額により違う。<br>5000万円までで2万9000円、<br>1億円で4万3000円など |
| いつでも可能 | **変更** | いつでも可能 |
| 家庭裁判所で検認の手続きが必要 | **遺言者死亡の場合** | 特になし |

**自筆証書遺言書**

**メリット**

・いつでも手軽に作成できる
・費用がほとんどかからない
・誰にも知られずに作成できる

**デメリット**

・家庭裁判所での検認手続きが必要
・勝手に開けたら無効になる
・不備が認められ無効になりやすい
・死後、みつけにくいケースも

**公正証書遺言書**

**メリット**

・家庭裁判所での検認手続きが不要
・すぐに遺言を実行できる
・公証役場に保管されるため、
偽造や紛失の心配がない

**デメリット**

・費用がかかる
・証人が2人必要

の不仲を案じて、自分の娘2人に財産を残すように遺言書をしたためていました。みなさんの兄弟間の仲は良好ですか？　もし、関係がよくないのであれば、遺言書を視野に入れるべきです。

遺言書の作成は、本来であれば、親自身の意思でアクションを起こすのが理想ですが、実際には、作成する親はまだまだ少数派でしょう。こうしたなか、最近では、遺言書の作成代行を行う行政書士のもとには、家族からの相談が増えているそうです。その大きな要因は、まさに認知症です。認知症の兆候が少し見え始めたときに「今のうちに」と家族が考えるからです。しかし、それではあまりにギリギリすぎです。親が元気なうちに、子供自身が遺言書の必要性を説明し、親の行動を促すことが大切です。

この場合、一番優先させるべきは、親本人の意思です。親が「遺言書は作らない」という選択をしたら、その意思を尊重すべきです。それは「あとの者に任せる」という気持ちなのですから。ぜひ、親が元気な段階で、遺言書を作るか、作らないかを話し合う機会を設けてください。

## 公正証書遺言書のほうが確実

遺言書は、主に「自筆証書遺言書」と「公正証書遺言書」があります。前者は、証人を立てる必要もなく、簡単に書けますが、封を開ける際や効力を発揮させるためには、家庭裁判所の検認が必要になります。

一方、後者は、公証役場で証人立ち会いのもと、公証人が遺言者に聞き取りをして作成します。財産が500万〜1000万円までで1万7000円といった費用がかかりますが、確実性の高い遺言書であり、さらに検認手続きが不要で、相続開始後、直ちに遺言書の内容を実行に移すことができます。確実性と迅速性を求めるのであれば、後者を選択すべきです。

遺言書の基本構成は、左ページの通りですが、このうち、遺言執行者の選任は決して忘れないことです。遺言執行者は、遺言に反対する相続人がいても、執行者の権限で推し進めることができます。執行者がいないと、結局、銀行などに「相続人全員のハンコを押してください」などと言われ、反対する相続人が、ハンコを押さない事態になりかねません。親の権限で、きちんと決めておく必要があります。

親の遺産を、親や子供で話し合い、あるいは親の権限で、どのように分割するのかを決めて、それを遺言書にまとめておくことは、とても重要なことだと言えるのではないでしょうか。

## 遺言書の基本構成

せっかく遺言書を書いても、裁判所から「無効」と言われたら、身も蓋もありません。遺言書には、基本的な構成があります。自筆証書遺言書も公正証書遺言書も、基本的に構成は一緒です。

| | |
|---|---|
| ❶ 表題 | 自筆証書遺言書は「遺言書」、<br>公正証書遺言書は「公正証書遺言書」と書きます。 |
| ❷ 前文 | 書面にて遺言書を書くことを宣言します。 |
| ❸ 建物や土地を誰に相続させるか | 不動産の面積や所在と地番を記載し、<br>誰に相続させるのかを指定します。 |
| ❹ 預貯金等を誰に相続させるか | 銀行名と支店名、種別、口座番号を表示し、<br>その預金を誰に相続させるのかを指定します。 |
| ❺ その他の財産を誰に相続させる | 現金や株など、<br>ほかの財産を誰に相続させるのかを指定します。 |
| ❻ その他諸条件の指定 | 子の認知など、相続人に伝えることを記載します。 |
| ❼ 遺言執行者の指定 | 遺産相続する際の、遺言執行者を指定します。 |
| ❽ 日付など | 遺言書作成の日付を指定します。<br>ほかに「付言事項」として、家族へのお礼などを書きます。 |

## 遺言書の実行の流れ

遺言者が亡くなり、遺言を実行する際は、どのようなステップを踏むのでしょうか。公正証書遺言書であれば、スムーズに遺産分割を実行できます。

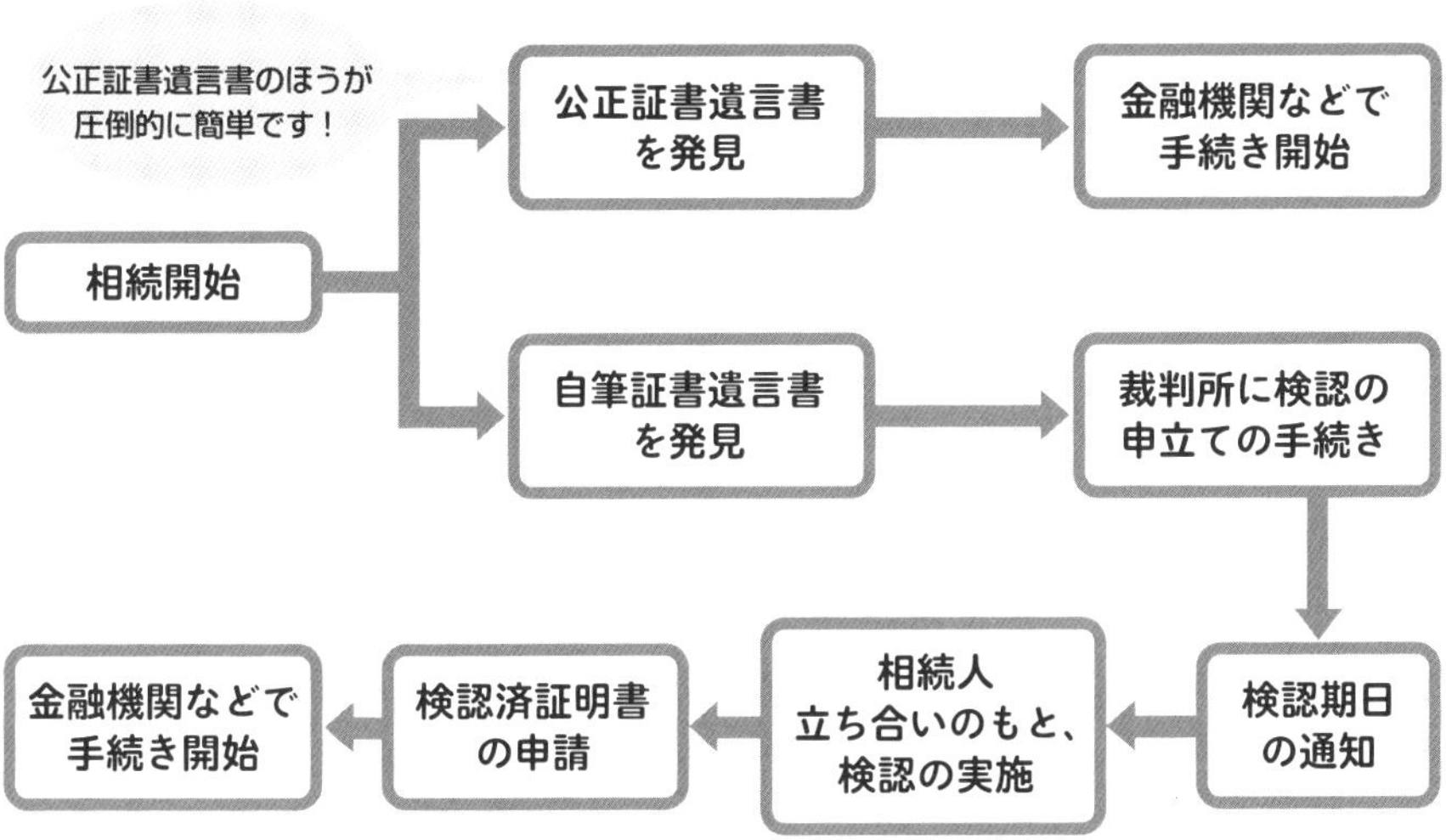

成年後見人は、財産を引き継ぐのに、足を引っ張る存在に！
お父さんが認知症だとお母さんの遺産相続するとき銀行は応じてくれないよ
知人
えっ
私は焦りました!!
どっどーすればいいんだ!?
本を見ると「成年後見人になれば相続できます」と書いてある!!
銀行に聞いても同じコトいわれます!!
相続
よっしゃー この方法しかないっ!!
とすぐに手続きしてしまった私
しかし…
多くの本も銀行の人も
後見人になるデメリットに関してはほとんど言及していませんでした
成年後見人になるには家庭裁判所で面接が行われその場で決断を迫られます
はい 決めて！
はい…
このときもデメリットやリスクの説明ほぼなし!!
とにかく親の財産を継ぐという点でものすごい不利益があるのです！
重〜
デメリット

どんな不利益かというと……
●遺産相続の制限
●生前贈与できない
途中まで実施していても打ち切り
●一回なるとやめられない
暦年贈与もダメだし
がっくり
いろいろな面で不自由なことがおきてきます
はあああぁぁ
笑っちゃうような話ですが父と一緒に外食しても裁判所が認めるのは
父の飲食代のみ!!
えーっと天丼とビールと川えびだけ別会計で
あとはこっちで払います
はい
おいおいこれくらい父さん出すから
それがダメなの!
まあ…判断能力の落ちた人の財産を守るための制度なんでね…
父が出すと言っても子供は自腹です
成年後見人うっかり気軽になってしまいましたが
とてもあやうい制度だと思います!
デメリットのことよく考えてくださいね!

## 6-8 成年後見人は、財産を引き継ぐのに、足を引っ張る存在に！

認知症の親が相続人となり、亡き配偶者の遺産を相続するケースは起こり得ます。私の家族は、認知症の父と子供2人で、母の遺産（預貯金）を相続することになりました。知人に聞くと「認知症は正常な判断ができないとされ、銀行は遺産相続に応じてくれない」と言われ、銀行にも「そのままでは難しい。成年後見人になっていただくのが一番」と言われ、私は深く考えずに成年後見人になりました。

成年後見人になると「財産に関するすべての法律行為の代理権」「日常生活に関する行為を除くすべての行為の同意権・取消権」が与えられます。前者について私は「父の了解を得れば、家族のためにお金を使える」と捉えました。

### 遺産相続も暦年贈与も自由が利かなくなる

しかし、この考えは間違いで、後見人の役割は「判断能力が低下している父の代わりに財産を守る」ことでした。母の遺産相続の際、父の「俺はいらない」の言葉を受けて、子供2人で遺産を分配しようとすると「ダメです」と、後見人を監督する家庭裁判所に指摘され、法定相続分に従わざるを得なくなりました。相続税対策の基本である「暦年贈与」もできなくなりました。どちらも「判断能力が低下している以上、その判断はできない」という理由です。

今後、相続税の基礎控除が再び下がったとしても、父の財産については、一切の対策ができません。

もう1つ付け加えるならば、私の場合は一定期間、「成年後見監督人」という司法書士のチェックを受けるように指示されました。「ノー」とは言えません。彼への謝礼は年間24万円です。

後見人になる動機となった、銀行の遺産相続の手続きですが、行政書士の豊島史久氏は「NGな行為ですが、誰かが代筆しているケースは多い」とのこと。私も同じ思いを抱いたものでした。一度、成年後見人になったら、やめることはできません。慎重に判断することが大事です。

## 成年後見制度の仕組み

成年後見制度とは、認知症や知的障害などによって、判断能力が不十分な人たちを保護・支援する制度のこと。この制度は、成年後見制度は、大きく分けると「法定後見制度」と「任意後見制度」の2つがあります。

成年後見制度

- **法定後見制度**
  判断能力がすでに不十分な人を保護・支援する制度
- **任意後見制度**
  現在は判断能力が十分だが、将来に備えて利用する制度

本人の判断能力に応じて以下の3種類ある。

| 種類 | 本人の判断能力 | 後見人が同意・取り消せる行為 |
|---|---|---|
| 後見 | 判断能力が常に欠けている状態の人 | 日常生活に関する行為をのぞくすべての行為 |
| 保佐 | 判断能力が著しく不十分な人 | 重要な財産関係に関する行為 |
| 補助 | 判断能力が不十分な人 | 申立ての範囲内で裁判所が定める行為 |

## 成年後見人になるメリット・デメリット

成年後見人になると、メリットもありますが、それ以上にデメリットを実感する場面が多くなります。ここでメリットとデメリットを確認しましょう。

### メリット

- **本人が交わした契約を取り消せる**
  判断能力の低下で、不当な契約をしてしまった場合、これを取り消す権利があります。
- **本人のための費用を本人の金融機関の口座から下ろせる**
  病院の治療代、外食代、医療代など、本人が使う費用は、金融機関の口座などから下ろすことができます。
- **本人の財産の出費が多い場合、その出費の調整ができる**
  財産の管理を行ううえでは、収支のバランスを整えることが大切。あまりにムダな生命保険の解約などができます。
- **本人のための各種契約を交わすことができる**
  必要とされる契約を代理することができます。

### デメリット

- **生前贈与ができない**
  本人の財産を守るための制度のため、生前贈与は認められません。途中まで実施していても、打ち切りです。
- **家族のための費用の引き出しができない**
  過去に了解を得ていても、家族のために費用を下ろすことはできません。一緒に外食しても、認められるのは、本人の費用のみです。
- **遺産相続は法定相続分のみ**
  遺産相続は「法定相続分にしたがう」「相続人同士の話し合いで決める」の方法がありますが、後者はできなくなります。
- **一度なったら、やめられない**
  成年後見人になったら、やめることはできません。よく考えてみれば、とても脅威な制度なのです。私のように監視役に成年後見監督人がついたら、年間20万円強の支払いが命じられます。

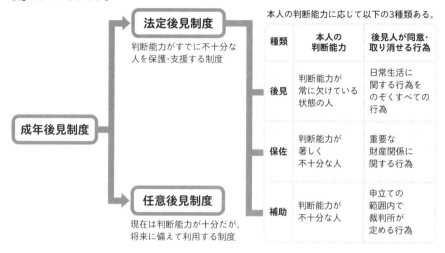

column

## 生前贈与は、しっかり証拠を残しておく

生前贈与は、税務署に目をつけられないように、細心の注意を払う必要があります。まず、預貯金を移行する場合は、手渡しではなく、贈与する人（親）の銀行や郵便口座から、贈与を受ける人（子供）の口座に、口座振込で行うのがベストです。そうすれば、しっかりと生前贈与を行っている証拠になります。

なお、子供の口座は、自ら口座を作り、通帳や印鑑も本人が管理することが大切です。親が勝手に口座を作り、振り込むのはやめましょう。また前もって、親子間で「500万円を5年間かけて100万円ずつ贈与する」などと、あらかじめ契約を結んでいると、税務署は一括贈与と判断する可能性があります。これを避けるには、贈与する日付けや贈与する額を変えたりするのも、よいかもしれません。

実際問題として、こうした税務署のチェックは、ほとんど起こらないはずですが、万が一を考えて、対策を行っておくとよいでしょう。

**子供名義の銀行口座を使う！**

STEP 1 贈与を受ける人(子供)が、自ら銀行口座を作り、通帳や印鑑は本人が管理します。特に新しく口座を作る必要はありません。

STEP 2 贈与する人(親)の口座から、贈与を受ける人(子供)の口座に振り込む。これで証拠が残ります。

STEP 3 毎年、贈与する日時や額は少し変えます。そうすることで、税務署に一括贈与とみなされなくなります。

# 7章

# 親が亡くなったあと、賢く相続を行う

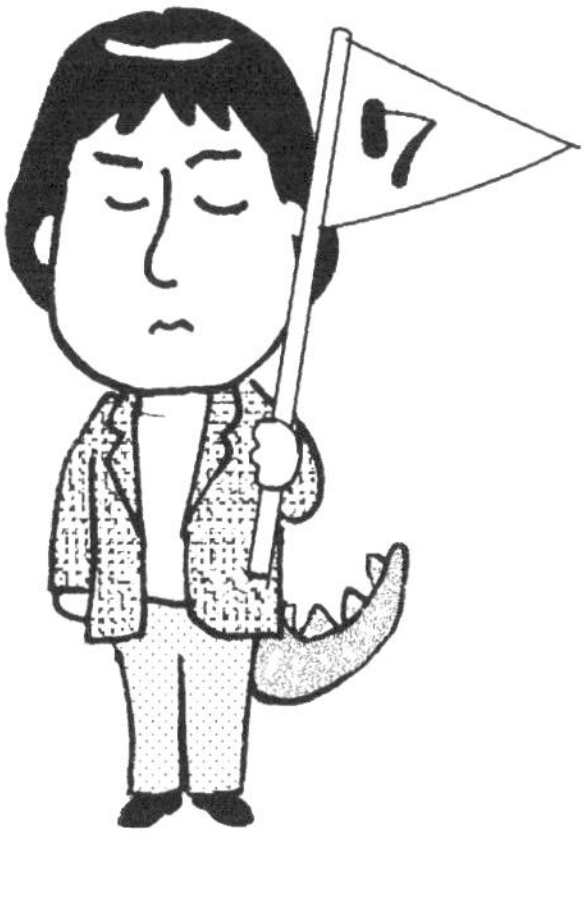

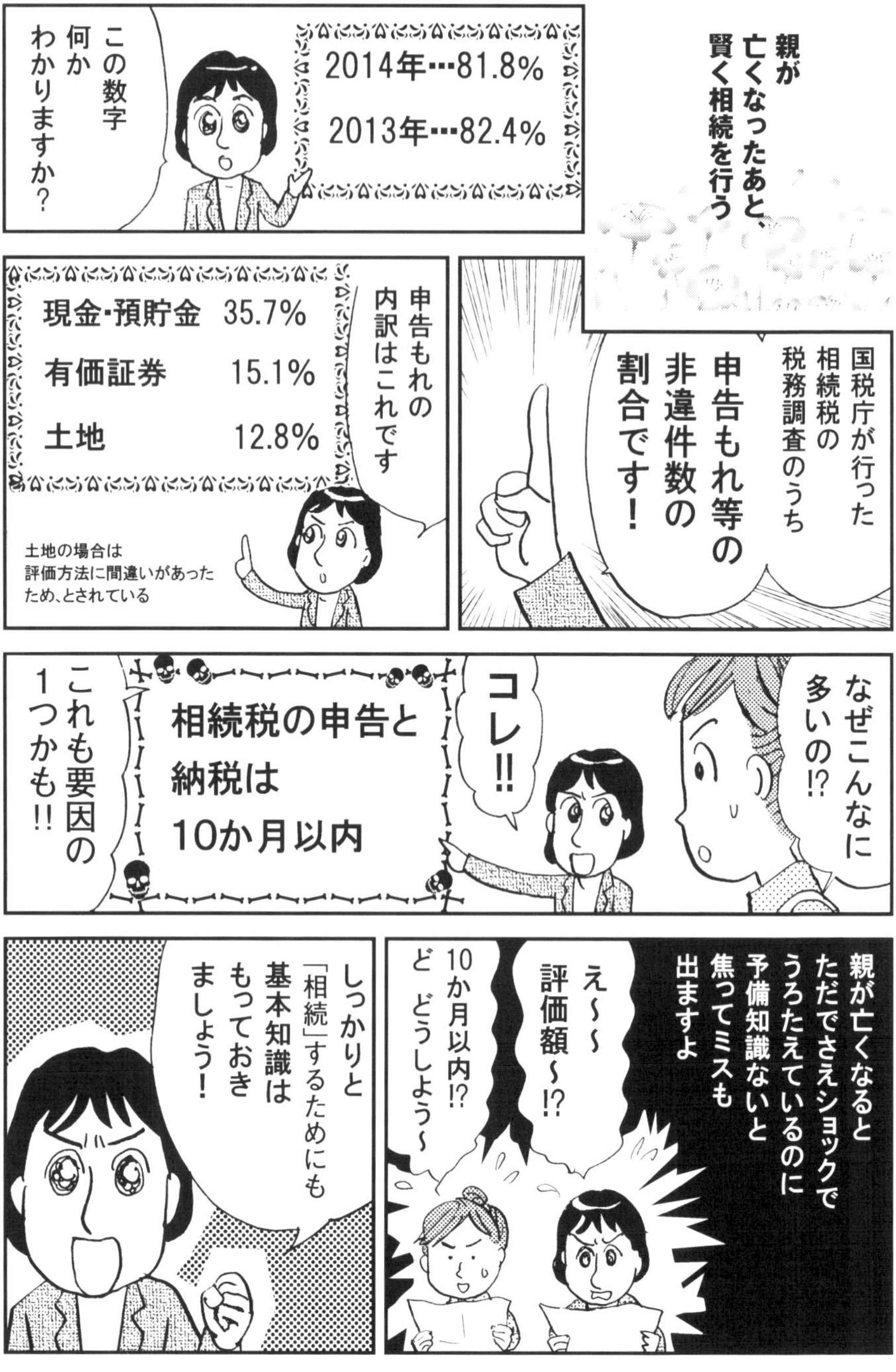
2014年…81.8%
2013年…82.4%
この数字何かわかりますか?
国税庁が行った相続税の税務調査のうち
申告もれ等の非違件数の割合です!
申告もれの内訳はこれです
現金・預貯金 35.7%
有価証券 15.1%
土地 12.8%
土地の場合は評価方法に間違いがあったため、とされている
なぜこんなに多いの!?
コレ!!
相続税の申告と納税は10か月以内
これも要因の1つかも!!
親が亡くなるとただでさえショックでうろたえているのに予備知識ないと焦ってミスも出ますよ
え〜〜評価額〜!?
10か月以内!? ど どうしよう〜
しっかりと「相続」するためにも基本知識はもっておきましょう!

6章では、親が元気なうちに、親の相続税の推定額をつかみ、早くから生前贈与を行うことの必要性に触れました。また、親の認知症などの事態に備え、家族の意向に沿った遺産相続ができるように、遺言書を作成することの重要性など、親の財産をしっかり引き継ぐために、親が元気なうちに何をすればよいのかを見てきました。

では、親が亡くなったら、相続の手続きに関して、どのような点に留意すればよいのでしょうか。実は、相続税がかかる場合は、その申告&納税期限は基本的に10か月以内です。さまざまな手続きが必要な上、その期間には葬儀や四十九日なども行うのです。お墓の購入などもあるかもしれません。かなりタイトなスケジュールと言わざるを得ません。

330㎡までは土地の評価額が80%減額される「小規模宅地等の特例」の適用を受けることで、相続税がかからなくなる場合も、基本的に10か月以内に、この特例の適用を受ける旨を書いた明細書を税務署に提出する必要があります。自動的に、特例の適用を受けられるわけではないのです。「そもそも相続税がかからない」という人も安心してはいけません。相続人は、マイナスの財産も相続することになります。この借金を相続したくない場合は、3か月以内に申告することが求められるのです。

残された親や子供が有利に相続をするには、しっかりと予備知識を持って、1つずつ、手続きを踏んでいくことが大事なのです。何の予備知識もないと、いざ相続の場面になって、相当慌てることになります。この章で、しっかり予備知識を習得しましょう。

親の相続は、10か月以内に手続きをする
母が亡くなったあとは毎日が怒涛のようにすぎていきました
は〜
友人知人へ連絡
年金関連の手続き
弔電の整理
お香典のお返し
家の片づけ
アドレス帳
葬儀屋決定
葬儀
認知症の父の介護施設探し
母のお墓のこと
四十九日のこと
生命保険の手続き
いくつも入っててすごく大変
生命保険
お返しがたいへん
両親在住の所沢の市役所まで県外の自宅から通うの大変だった
体がいくつあっても足りない…
気づいたら3か月があっという間にたっていきました
早かったねー この3か月
つかれたー…
これからさらに相続の手続きがあるわよ
もー大変だから相続放棄しちゃおかなー
てなこと冗談で言ってたら
げええつ
相続放棄は3か月以内に手続きしないとダメだって!!
相続税放棄の手続きは3か月以内
もう過ぎてるじゃーん!!
期間みじかっ!!
がーん
ぐしゃっ

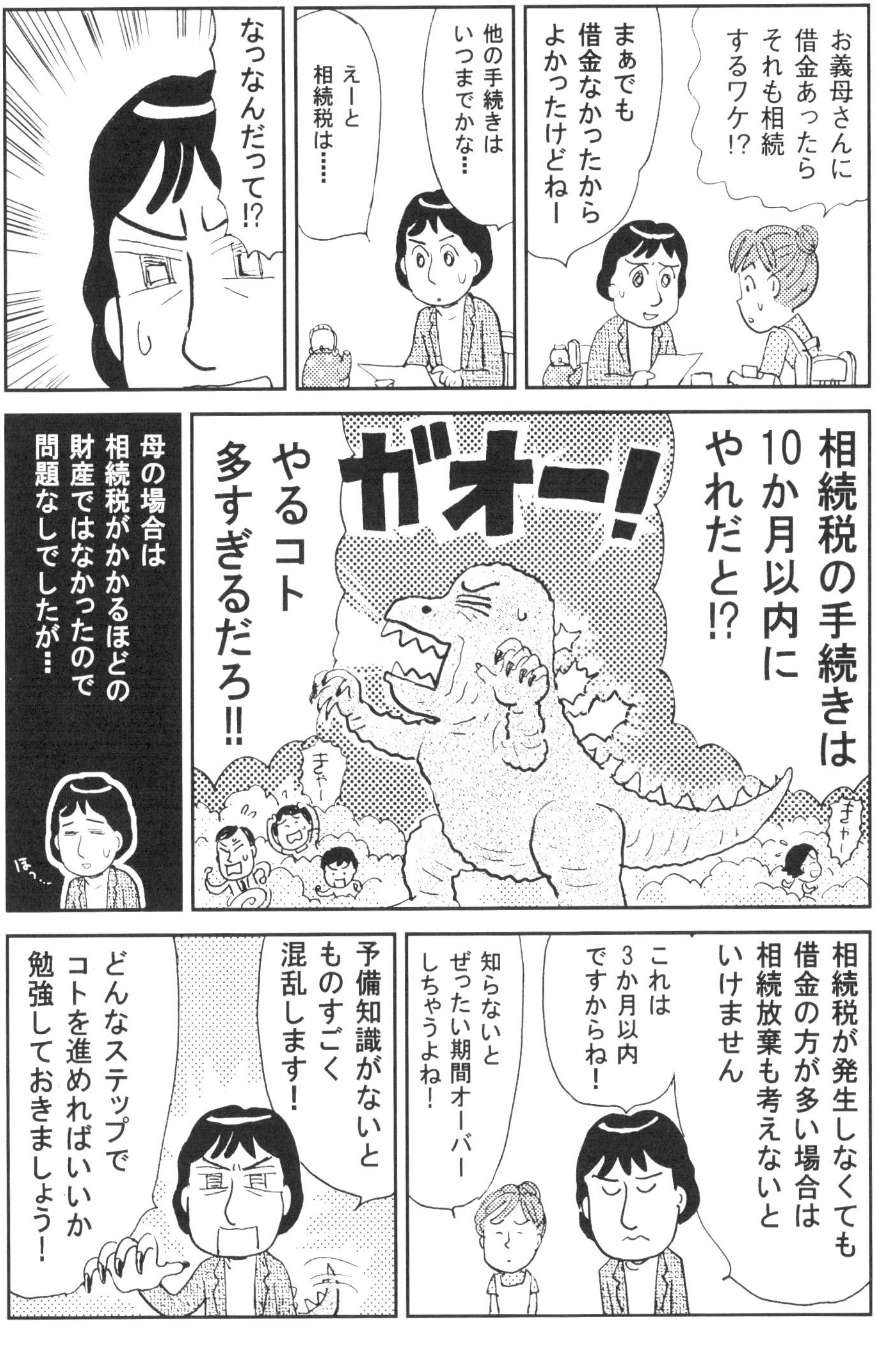
お義母さんに借金あったらそれも相続するワケ!?
まぁでも借金なかったからよかったけどねー
他の手続きはいつまでかな…
えーと相続税は……
なっなんだって!?
相続税の手続きは10か月以内にやれだと!?
ガオー!
やるコト多すぎるだろ!!
きゃー
きゃー
母の場合は相続税がかかるほどの財産ではなかったので問題なしでしたが…
ほっ…
相続税が発生しなくても借金の方が多い場合は相続放棄も考えないといけません
これは3か月以内ですからね!
知らないとぜったい期間オーバーしちゃうよね!
予備知識がないとものすごく混乱します!
どんなステップでコトを進めればいいか勉強しておきましょう!

# 1-7 親の相続は、10か月以内に手続きをする

親が亡くなると、残された親や子供は、様々な手続きを行う必要があります。まず最初に行うのは「死亡届」と「死体火・埋葬許可申請」ですが、これは多くの場合、葬儀屋が代行するので、家族が自ら行うのは、役所での「住民登録関係」「国民健康保険関係」「年金関係」といった手続きになります。こうした手続きは、戸籍謄本を取ったり、役所内を何度も往復したりと、とても面倒です。さらに年金関係の手続きは、違う場所にある年金事務所で行う必要もあります。心身とも疲れている残された親に任せるのではなく、子供が中心になって動くべきです。役所のHPから「手続き一覧表」がダウンロードできるので、事前に入手し、葬式の前後を使って、一気に行うとよいでしょう。

## 相続の手続きは10か月以内に行う

これらの手続きを終えたら、いよいよ相続の手続きに入ります。この手続きは、相続開始日（被相続人の死亡日）の翌日から10か月以内（相続開始を知らなかった場合は、知ってから10か月以内）に行う必要があります。相続から申告までの流れは、151ページのとおりです。

まず、被相続人の死亡届を提出したら、3か月以内に相続財産を全把握します。なぜ、3か月以内なのかといえば、相続放棄の申告期限にあたるからです。

親の財産を把握した段階で、親に借金（マイナスの財産）があった場合、相続人は、借金を受け継ぐか、受け継がないかを決めることができます。その方法は3つあります（153ページ参照）。1つ目は、資産（プラスの財産）も借金も受け継ぐ「単純承認」です。手続きは不要で、故人の死後3か月が経過すると、自動的に単純承認になります。

2つ目は、資産も借金も受け継がない「相続放棄」です。親の借金が資産を上回る場合、相続放棄を選ぶことで、親の借金を背負わずに済みます。相続放棄を選ぶ場合は、3か月以内に、その旨を被相続人の住所地の家庭裁判所に申

# 遺産相続の手続きの流れ

親が亡くなったら、どのようなステップで遺産相続の手続きを進めていけばよいのでしょうか。この流れを頭に入れておくと、いざ相続の段階で戸惑うことがなくなります。

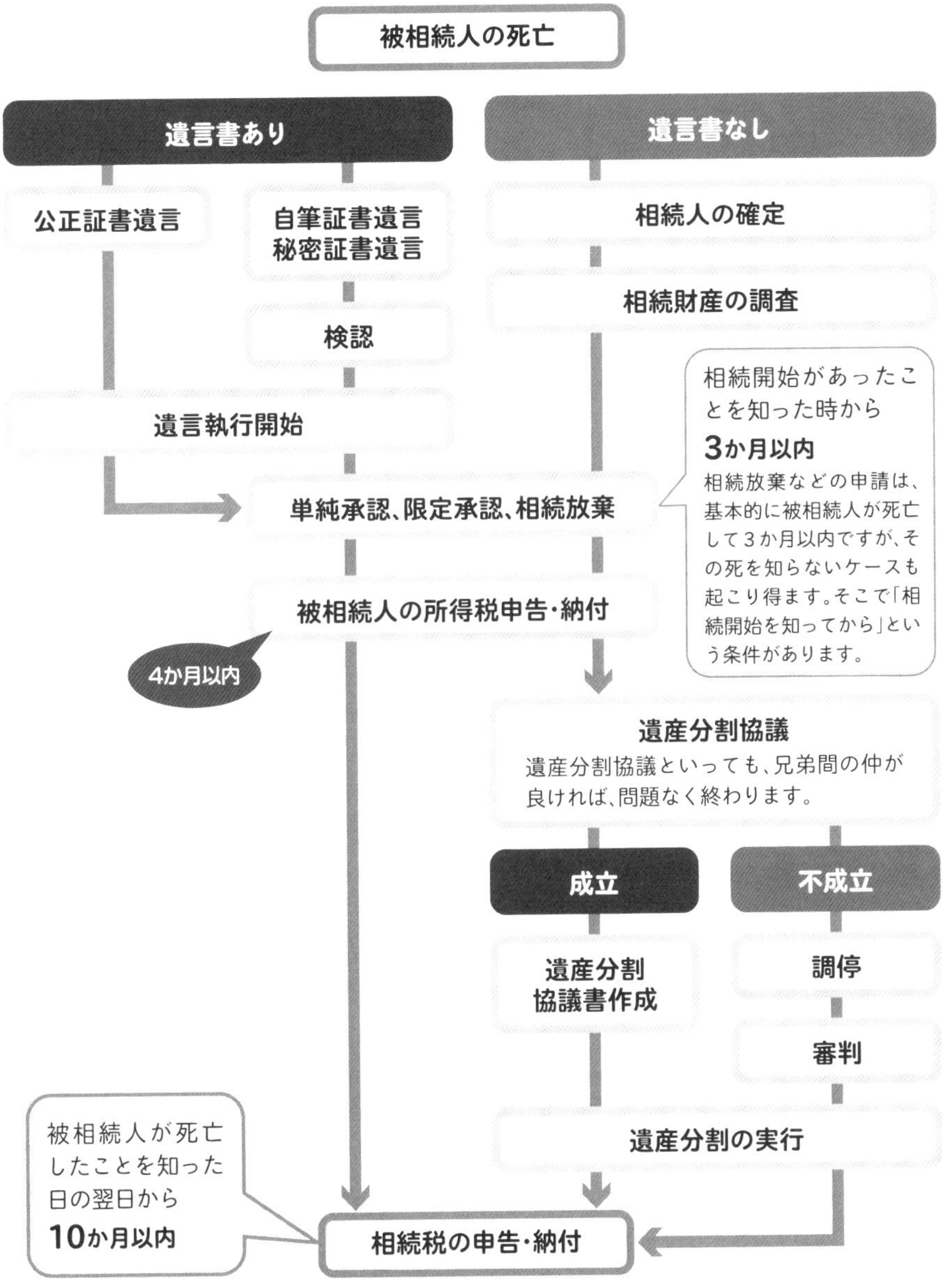

述する必要があります。

ここで覚えておきたいのは、配偶者や子供が「相続放棄」すると、法定相続人の次の順位の人が相続人になるという点です。第二順位は被相続人の直系尊属、第三順位は被相続人の兄弟姉妹です。彼らもまた相続放棄する場合は、それぞれが家庭裁判所に申述しなければなりません。

3つ目は、資産の範囲内で借金を返済し、残った資産を受け継ぐ「限定承認」です。借金の額が不明な場合に、有効な相続方法といえます。相続人全員の承認が必要で、こちらも3か月以内に、家庭裁判所で手続きを行います。繰り返しますが、相続放棄について何もアクションを起こさないと、すべての財産を受け継ぐことになるので要注意です。

## 小規模宅地等の特例は申告書を提出する

親の財産を引き継ぐ場合は、相続税の計算に入ります。相続する財産の総評価額を把握し（120ページ参照）、続いて「債務」「葬式費用」「小規模宅地等の特例」（88ページ参照）を、総評価額から差し引き、さらに「相続税の基礎控除額」を差し引き、相続税がかかるかどうかをチェックします（124ページ参照）。

なお「小規模宅地等の特例」は、自動的に適用されるわけではありません。相続税の申告書の提出が必須になります。特に、この特例を受けることで、相続税がかからなくなる場合は、申告書の提出は不要と早合点しないようにしましょう。

親の財産の総評価額を把握した段階で、相続税がかかることが判明したら、各相続人の相続税額を計算に入ります。この計算は、まずは、財産を法定相続分で配分したと仮定して、各相続人の相続税額を出し、その額を合計します。そして最後に、実際に相続した財産の割合に応じて、相続税の総額をあん分します。

## 相続人によっては軽減処置の特例がある

こうして各相続人の相続税額が出たら、最後に、相続人の種類によっては適用される、相続税の軽減措置の有無をチェックします。例えば、配偶者には、1億6000万円まで（もしくは法定相続分まで）相続税がかからない「配偶者の税額軽減」という特例があります（132ページ参照）。

繰り返しますが、相続税の手続きは、相続開始日の翌日から10か月以内です。ここで紹介したポイントをしっかり把握しておけば、慌てずに手続きを行うことができます。

# 遺産相続の3つの方法

遺産相続には、3つの選択肢があります。基本的にはマイナスの財産を受け継がないように、正しい方法を選ぶことが大事です。

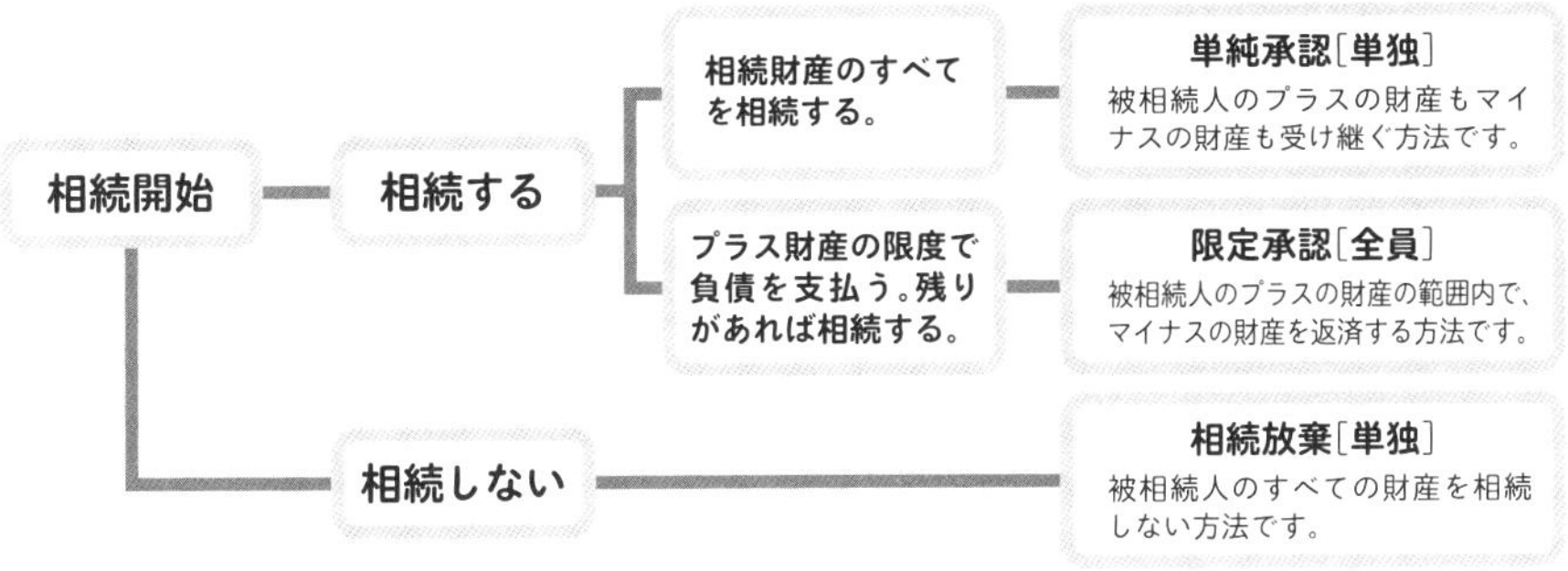


# 相続税の計算方法

相続税がかかる場合、その税額は、親の財産の課税対象額に税率をかけて算出するのではありません。ここで確認しておきましょう。

## STEP 1 STEP 2 125ページをチェック

相続税の計算は、まずは125ページを参照して、被相続人の財産の総評価額からマイナスできるものを引き、さらに基礎控除額を引き、課税対象額を出します。

## STEP 3 法定相続分で分けた場合の相続税を計算する

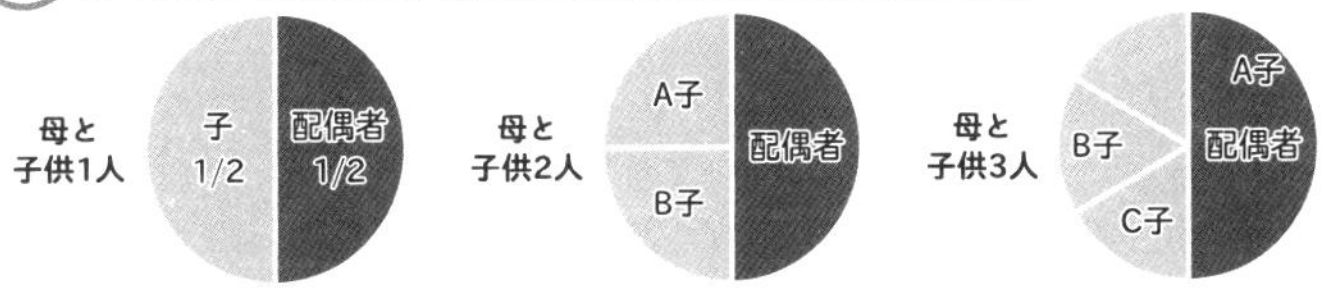


例えば、財産(課税対象額)が6000万円だとしたら、この額を法定相続分にしたがって分けたとして、各相続人の相続税額を出します。税率は125ページを参照してください。

| | 課税対象額 | | 税率 | | 控除額 | | 相続税額 |
|---|---|---|---|---|---|---|---|
| 妻と子供 1人 | 円 | × | % | − | 円 | = | 円 |
| 子 2人 | 円 | × | % | − | 円 | = | 円 |
| 子 3人 | 円 | × | % | − | 円 | = | 円 |

## STEP 4 法定相続分で分けた相続税を合計する

STEP3で求めた各相続人の相続税額を合計します。これがトータルの相続税額になります。

## STEP 5 法定相続分で分けた相続税を合計する

STEP4で求めた相続税額を、実際に相続した割合であん分します。

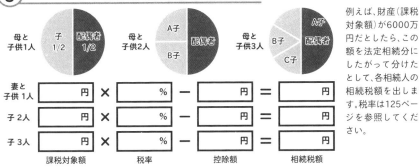

銀行口座は死亡するとすぐに凍結される
とよく本などに書いてあります
うちの場合は私が母の死を銀行に伝えるまで凍結はされてませんでした
銀行がいつ知るかによるんですね
知人のお父さんは有名人で訃報が新聞に出ました
すると知人が銀行に伝える前に凍結されていたそうです！
オヤジの葬式代おろさなっくちゃ
げっ
凍結されてる!!
まあたいていの人はこちらから通知しなければ凍結されないですよね
そうそうボクの父が亡くなったときは葬式代を引き出すまで銀行には伝えませんでした
この方法は父が書き残してくれたんです暗証番号つきで
これわたしとく
へーーーっ

これは厳密に言うとNG行為かも知れません
でも実際問題親が亡くなったら残された家族が困らないように進められるべきだと思います!
そうだし
そうだー
一旦死亡がわかるとお金おろすのが超大変なのに
お金が必要な場面が次々に出てくるのよねー
姉の葬式代おろせなかった…
そうそう
例えば医療保険では診断書提出が必要だけど
病院に書いてもらうと1万円以上する場合も!
母は3つ入ってたので3万円以上かかることに!!
うわっ高っ
でもこれはダメモトで
他の保険会社に出したもののコピーではダメですか?
いいですよ
と聞いたらOKになりました!
最近はコピーOKも増えてるようです
外資系だったからかも?
知らなきゃ3万円以上かかってたのが節約できた!
よかった!
物入りな時期にありがたいわ
少しでも節約してその分家のために使いましょう!

# 2-7 親の財産をしっかり相続する

親の死後、その財産を引き継ぐ際は、相続税発生の有無にかかわらず、財産の種類に応じて所定の手続きを行う必要があります。私の母の遺産は、都市銀行の普通預金のみでした。銀行に相続手続きの連絡を入れると、すぐに書類が届きました。提出を求められたのは「相続人全員の住所・名前・実印の押印」「それぞれの印鑑証明書」「故人が生まれてから亡くなるまでの戸籍類（戸籍謄本、除籍謄本、改製原戸籍）」などでした。

## 被相続人の戸籍取得はかなり面倒

一番大変だったのは、戸籍類で、最後の戸籍地である所沢市の市役所で「その前の戸籍は？」と聞き出し、順々にたどっていきました。その数は7通に及びました。書類を添え郵送で送ると、1週間ほどで、私に全額が振り込まれ、それを私が、相続人である姉と父に振り込みました。

なお、銀行に相続手続きの連絡を入れた段階で、その口座は凍結されます。私の知人男性は、葬式の費用など、今後の出費を考えて、父親の死後、数日間、ＡＴＭで50万円ずつ下ろしたのち、銀行に連絡を入れたそうです。厳密にいえば、ＮＧとされる行為ですが、家族間で納得しているのであれば、あとは家族の判断で行えばよいと思います。

一方、株式などの有価証券も、必要な書類は、銀行の場合とほとんど一緒です。なお、株式を売却する場合は、一度相続人名義の口座を作る必要があります。

亡くなった親が生命保険に加入していた場合は、死亡保険や医療保険で、受取人が指定されているのであれば、その受取人が、ほかの相続人の関与を受けずに手続きをすることができます。なお、保険金を請求する際は、例えば、医療保険の場合、保険会社独自の診断書の提出が求められます。これを医師に書いてもらう場合、1枚1万円以上かかることもありますが、保険会社によっては「ほかの会社のコピーでも可」としているので、確認しましょう。

## 銀行での相続の手続きの流れ

相続の手続きの代表格といえるのが、銀行などの金融機関です。ここで手続きの流れを確認しましょう。

### STEP 1 金融機関に電話連絡

口座のある支店や最寄りの支店に「相続手続きをしたい」と連絡を入れると、書類一式が届きます。

**連絡を入れた時点で、口座は凍結されるので要注意！**

### STEP 2 必要書類を用意する

「遺言書の有無」などによって、そろえる書類は異なってきます。相続人全員の印鑑証明書などが必要になるので、相続人同士の密なコンタクトが求められます。

**必要な書類（遺言書がない場合）**

・被相続人の戸籍謄本
・相続人の戸籍謄本
・遺産分割協議書（遺産分割協議書がある場合）
・相続人の印鑑証明書
・相続人の実印・取引印
・預金通帳・証書等

### STEP 3 書類の提出＆払い戻し

書類の不備は、起こりうると割り切ったほうがよいでしょう。私は母の相続時、「故人が生まれてから亡くなるまでの戸籍類」で、不備を指摘されました。それにしたがって、再度揃えるくらいの気持ちでいましょう。

## 生命保険の請求手続きの流れ

亡くなった親の生命保険の請求手続きは、病院に診断書を書いてもらったりと、時間がかかります。その流れを確認します。

**保険会社に連絡** → **書類が届く** → **病院に診断書を書いてもらう**

**保険会社に連絡**
契約している保険会社に連絡を入れます。

**書類が届く**
病院に書いてもらう診断書などが送られてきます。

**病院に診断書を書いてもらう**
診断書は、担当した医師が忙しいと、かなり時間がかかります。1～2か月かかることも少なくありません。また5000円～1万円程度の費用もかかります。

医療保険について、保険会社によっては「ほかの保険会社の診断書のコピーでも可」としています。複数加入している場合は、必ず確認しましょう。

→ **書類提出** → **振込**

**書類提出**
すべての書類を揃えたら、郵送で送ります。

**振込**
書類に不備がなければ、数週間後には保険金が振り込まれます。

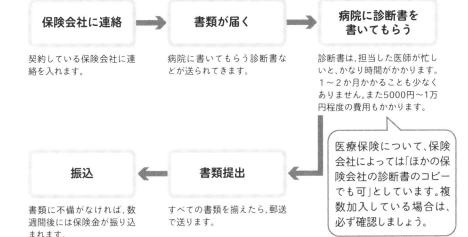

# おわりに

もしみなさんが、本書を手にする機会がなかったら、親が万が一の事態になるまで、親の預貯金や生命保険（死亡・医療）、家（土地・建物）などの財産について、気に留めることはなかったことと思います。あるいは関心はあっても、「まだいいか」と、先送りしていたのではないでしょうか。私自身、もし現時点で、両親が健康に暮らしていたら、親の財産について、これっぽっちの関心も寄せていなかったと思います。

それだけに、本書を通して、親の財産を把握することの大切さについて理解してもらえたら、筆者として、これほど嬉しいことはありません。

自分の親の財産の見直しがひと段落したら、配偶者の親の財産についても目を向けていきたいものです。とはいえ、あなた自身が身を乗り出すのは、あまりに出過ぎたまねです。配偶者の方は、あなたの取り組みを間近で見たり、あるいは協力していると思いますので、あらためて夫婦で、親の財産を把握することの大切さを話し合ってみてはいかがでしょうか。

そしてもう1つ、忘れてはいけないことがあります。それは、あなた自身の財産の見直しです。

みなさんは自分の生命保険の保障内容をしっかり把握できていますか。あるいは将来の公的年金の支給額を、本書で触れた目減り分も考慮しつつ、つかんでいるでしょうか。自分が亡くなったら、どのくらいの遺族年金が配偶者に支払われるか理解していますか。

これらの問いかけに、即答できない人も多いのではないでしょうか。

自分の財産まわりをチェックして、もし改善すべき点を見出したら、ぜひ早い段階で見直しを行うべきです。

例えば、公的年金の支給額に不安を覚えたら、国民年金基金や付加年金などに加入し、年金受給額を増やすといった取り組みを行うといった具合です。生命保険も本当に金額に見合った保障内容なのか、本書を参考に見直してください。今すぐ行えば、自分の財産の〝ムダ遣い〟を最小限にとどめることができます。

そして最後にお伝えしたいことがあります。自分の財産の見直しをしたら、将来的には、その内容を親子間で共有するということです。自分の子供に、メインバンクの在り処や暗証番号、生命保険の内容などを伝えておくのです。将来的に、みなさんの面倒を見る可能性のある子供にとって、それらを把握していることは、本当に大きな安心につながるのですから――。

2016年5月

永峰英太郎

[著者略歴]

永峰英太郎（ながみね・えいたろう）
1969年東京生まれ。明治大学経済学部卒。業界紙・夕刊紙記者、出版社勤務を経て、フリー。企業ルポ、農業に携わる人やスポーツマンなどの人物ルポを得意とする。著書に『日本の職人技』『「農業」という生き方』『日本の農業は“風評被害”に負けない』（アスキー新書）、『夢をかなえる！　ネットショップのやさしい作り方』（技術評論社）など。2015年には、母親の死や父親の認知症の経験をもとに『70歳をすぎた親が元気なうちに読んでおく本』（アスペクト）を出版。
メールアドレス　eitaro.nagamine@gmail.com

赤星たみこ（あかぼし・たみこ）
マンガ家、エッセイスト。宮崎県生まれ。79年、講談社『mimi』でマンガ家デビュー。少女マンガから成年マンガ、エッセイなどで幅広く活躍。漫画連載のほか、雑誌やWeb上でもコラムを連載。日々「もったいない」を実践しており、健康やエコロジーについてのエッセイや漫画も多く、エコロジーに関する講演会でも人気を集めている。著書に『グランマ！まんがで読めるおばあちゃんの知恵袋』（集英社クリエイティブ）、『セスキ&石けんでスッキリ快適生活』（青春出版社）など。ホームページ赤星コム　http://www.akaboshi.com

親の財産を100%引き継ぐ一番いい方法

2016年6月11日　第1刷発行

著　　者　永峰英太郎　赤星たみこ
発 行 者　唐津　隆
発行・発売　株式会社ビジネス社
〒162-0805　東京都新宿区矢来町114番地
神楽坂高橋ビル5階
電話　03-5227-1602　FAX　03-5227-1603
http://www.business-sha.co.jp

〈印刷・製本〉半七写真印刷工業株式会社
〈カバーデザイン〉尾形　忍（Sparrow Design）〈本文組版〉エムアンドケイ
〈編集担当〉岩谷健一　〈営業担当〉山口健志


ISBN978-4-8284-1884-1